C.H.BECK WISSEN

in der Beck'schen Reihe

W0308960

Nahezu zwei Millionen Jahre, also annähernd 70 000 Generationen von Menschen, sind vergangen, seit an den Ufern von ostafrikanischen Seen, Flüssen und Bächen einfache Steingeräte geschlagen wurden, die sich mit archäologisch befriedigender Sicherheit als planmäßige Produkte erkennen lassen. Diese Funde sind zusammen mit zerschlagenen Tierknochen offensichtlich Reste von Arbeitsplätzen, an denen auch altertümliche Hominidenknochen gefunden wurden.

Dieses Buch bietet einen Überblick über die körperlichen, technischen und kulturellen Entwicklungen des Menschen von jenem frühen Zeitpunkt seiner Entwicklung bis in unsere Epoche – denn auch heute noch gibt es menschliche Gesellschaften mit steinzeitlichen Kulturmerkmalen. Wenn es dem vorliegenden Band gelingen sollte, unsere Achtung vor diesen Gesellschaften und unser Verantwortungsbewußtsein ihnen gegenüber zu erhöhen, so hat es seinen Zweck mehr als erfüllt.

Hansjürgen Müller-Beck, Jahrgang 1927, ist emeritierter Professor für Ur- und Frühgeschichte an der Universität Tübingen. Er arbeitet an zahlreichen Grabungen vor allem im europäischen und asiatischen Raum und genießt als Forscher internationales Ansehen.

Hansjürgen Müller-Beck

DIE STEINZEIT

Der Weg der Menschen in die Geschichte

Verlag C. H. Beck

Für Katharina und Christian

Mit 3 Abbildungen und 4 Karten,
gezeichnet von Gesine Bachmann (Darmstadt)

1. Auflage. 1998
2., verbesserte Auflage. 2001

3., verbesserte Auflage. 2004

Originalausgabe
© Verlag C. H. Beck oHG, München 1998
Gesamtherstellung: Druckerei C. H. Beck, Nördlingen
Umschlagentwurf: Uwe Göbel, München
Printed in Germany
ISBN 3 406 47719 4

www.beck.de

Inhalt

Der Mensch ist der erste Freigelassene
der Schöpfung; er steht aufrecht.
Die Waage des Guten und Bösen,
des Falschen und Wahren hängt
an ihm; er kann forschen, er soll wählen.

Herder

Vorwort

Dieses Buch über die Steinzeit ist zugleich ein Versuch, die Arbeitsweise der modernen Urgeschichte und der ihr das Material liefernden Archäologie darzustellen. Vor allem aber geht es um eine Chronik der Steinzeit als Epoche – eine Chronik, die in dieser umfassenden Form und zugleich derart verdichtet bisher nicht existiert.

Diese zwangsläufig selektierte Chronik fußt auf dem Ergebnis der Arbeit von mehr als drei Generationen Forschern, von denen nur sehr wenige und allenfalls in Verbindung mit wichtigen Fundstätten oder Forschungsprojekten genannt werden können. Ich bin an diesen Forschungen seit ziemlich genau einem halben Jahrhundert beteiligt, als ich 1948 als Abiturient half, die ausgelagerten archäologischen Materialien des Stadtmuseums Bad Nauheim zu sichten. Unter ihnen waren auch frühe jungsteinzeitliche Funde aus der Wetterau.

Daran schloß sich im Herbst 1949, nach dem Abitur, bei Edward Sangmeister aus Marburg die erste Grabung in einem merowingischen Gräberfeld (6./7. Jh. n. Chr.) an, in dem gänzlich unerwartet auch spätneolithische Gräber (Ende 3. Jt. v. Chr.) auftauchten, welche zum Spezialgebiet des Grabungsleiters gehörten, der in nächtelangen Gesprächen im Winter 1949/50 bei Beginn meines Studiums mein erster Tutor wurde. Damals bat mich ein Kommilitone, ihm zur Vorbereitung seines Rigorosums O. Menghins „Weltgeschichte der Steinzeit“ zu exzerpieren. Eine enorme Materialsammlung und der beste Weg, um mit den Problemen meines späteren speziellen Fachgebiets in Kontakt zu kommen. In Heidelberg bei Ernst Wahle und Horst Kirchner setzte sich dieses Intensivstudium auch in geographische und ethnologische Gebiete hinausgreifend fort. In Bern kam bei Hans-Georg Bandi die Einführung in die Steinzeitliche Kunst und Arktische Archäologie hinzu sowie zum Abschluß in Tübingen in Verbindung mit der Quartärgeologie bei Gustav Riek die spezielle Frühe Ältere

Steinzeit, bei Günter Smolla die Breite der Methodik unseres Faches und bei Wolfgang Kimmig ein Blick hinaus in die Metallzeiten.

Ohne ihre Starthilfe wäre die zukünftige Arbeit für mich unmöglich gewesen. Danach folgten verteilt bisher über 110 Grabungsmonate, von denen gut 80 steinzeitliche Siedlungen betrafen, und zahlreiche Auswertungsarbeiten und Forschungsreisen zu steinzeitlichen Materialaufnahmen, deren Finanzierungen ich vor allem der Deutschen Forschungsgemeinschaft verdanke. Die 1997 noch laufende Ausgrabung eines Eskimohauses der „Birnirk-Stufe“ in Tschukotka an der Beringstraße hat mich jetzt wieder, weit weg vom europäischen Frühmittelalter, in das 6./7. Jh. n. Chr. geführt.

Besonders wichtig waren die Kontakte mit Studentinnen und Studenten, die ich in Madison, Freiburg und Tübingen auszubilden hatte und von denen ich über die Jahre sicher mehr lernte als sie von mir. Das gilt auch für die Mitarbeiter in über 100 Forschungs- und Museumsprojekten, wie für den allzu früh verstorbenen Joachim Hahn, ohne den unser Tübinger Institut nie in seiner jetzigen Gestalt entstanden wäre. Ihm und allen anderen habe ich zu danken.

Dieses Buch wurde vom Verlag angeregt. Ich habe mich bemüht, dem in der ganzen Breite des Themas gerecht zu werden. Eigentlich war an eine Doppelautorschaft gedacht. Dazu kam es nicht, und ich trage jetzt allein die Verantwortung für dieses riskante Opus. Aber das ist wohl auch richtig so, wie die Gewichtung der einzelnen Kapitel erkennen läßt. Die fernen Zeiten, bis zurück in das Dunkel vor 12 Millionen Jahren, mußten ausführlicher referiert werden, weil sie so wenig bekannt sind. Bei den jüngeren Zeiten bis in unser Jahrtausend war dann knapp auszuwählen und zu verdichten. Und überall waltet der Zufall der Archäologie, je nach der Zugänglichkeit unserer Quellen.

Ohne die Lektoratshilfe meiner Frau Katharina und unseres Sohnes Christian wie auch des Verlages hätte das Buch seine Gestalt nicht gefunden. Und für mich selbst sind zwei Dinge nach seinem Abschluß noch verblüffender als zuvor:

1. Die tatsächlich ungeheure Breite der steinzeitlichen Beiträge zu unserer Geschichte und Gegenwart: vom Beginn des überlegenden Planens in wiedererkennbaren Abläufen über die Kultivierung und Domestikation unzähliger Pflanzen und Tiere, die wir noch heute weltweit täglich nutzen, bis zur Bürokratie der Schreiber und der Macht der ersten Gottkönige im (kupfer)-steinzeitlichen Mesopotamien und Ägypten (3. Jt. v. Chr.).

2. Die politische Gegenwärtigkeit der noch vor kurzem vollkommen steinzeitlichen Jäger- und Pflanzerkulturen, deren Träger voller Skepsis uns Europäern gegenüber um das Überleben in ihren sprachlichen Identitäten als Völker kämpfen, wie etwa der Hadza Mahiya aus Tansania in diesem Sommer 1997 vor der UNO in Genf. Steinzeit ist für sie noch ganz großelterliche oder sogar elterliche Tradition und Gegenwart und daher konsequent die Basis für die politische Zukunft.

Die dritte Auflage dieses Buches bleibt bis auf einige Korrekturen und Verbesserungen weitgehend unverändert. Lediglich die Fundstelle Dmanisi in Georgien gewann unterdessen erheblich an Bedeutung (auch für die Tabelle auf S. 33). Sie ist daher ausführlicher zu behandeln. Wichtig ist der neue ergänzende Hinweis, daß sich bei der chronostratigraphischen Gliederung der Übergangszone vom Mittel- zum Jungpaläolithikum eher noch größere Unschärfe-Probleme ergeben, als bereits zu vermuten gewesen ist. Daher bleibt bei den dort weiterhin wuchernden aktuellen Hypothesenbildungen erhöhte Vorsicht angebracht.

An der Lebensweise der mit steinzeitlichen Techniken sammelnden und jagenden (oft immer noch nur eingetauschte Metalle nutzenden) Menschengruppen hat sich auch im Jahr 2003 in wirtschaftlicher Hinsicht wenig geändert. Ihre Sprachen bleiben häufig gefährdet. Politisch finden sie aber endlich nicht nur innerhalb der übergeordneten Staaten, sondern auch in der seit 2002 neu geregelten Vertretung der „Kleinen Völker“ bei der UNO global wenigstens im Ansatz zunehmenden Rückhalt.

Hansjürgen Müller-Beck

I. Die Gegenwärtigkeit der Steinzeit

Wie viele andere Bausteine unseres Denkens und Wissens ist auch der Epochenbegriff „Steinzeit“ eine Schöpfung der frühen griechischen und chinesischen Kosmologie. Sie verschmolz darin mythische Überlieferungen, historische Spekulationen und empirische Beobachtungen. Dabei folgten auf die Steinzeit chronologisch das eherne (bronzene) Zeitalter und die Eisenzeit, in der man selbst lebte und schrieb.

Die steinerne und die eherne Epoche bewahrten so folgerichtig ihre mythischen Züge, die sie mit den Anfängen der Menschen, der Herausbildung ihrer Kulturen und den zugehörigen Gottheiten verbanden. Das bei Hesiod um 700 v. Chr. für die Griechen eben abgelaufene eherne (bronzene) Zeitalter blieb die Epoche der Heroen, welche als halb göttliche Ahnen vielfältig in die damalige Gegenwart fortwirkten.

Die Steinzeit lag in nebelhaften Fernen davor. Für Herodot war sie im 5. vorchristlichen Jahrhundert faßbar in den Ritualen Ägyptens mit ihren heiligen Steingeräten und schien ihm bei Menschen am Rande des Erdkreises im Süden und Norden bisweilen Gegenwart. Doch selbst für Lukrez, den Zeitgenossen der untergehenden römischen Republik im ersten Jahrhundert v. Chr., blieben die Nachrichten von dort noch sporadisch und dunkel.

Ein klareres Bild der zeitgenössischen Steinzeit erbrachten die europäischen Entdeckungsreisen etwa ab dem Jahr 1450 des christlichen Kalenders, welche den damaligen Handelswegen der Antike und den neueren Routen der Byzantiner, Araber und Juden folgten. Aber erst nach der Gründung dauerhafter überseeischer Kolonien durch die europäischen Mächte und dem Beginn der damit verbundenen christlichen Missionstätigkeit des 17. Jahrhunderts vor allem in Nordamerika wurde das Weiterleben steinzeitlicher Techniken eingehender beobachtet.

Für die neuzeitliche Kosmologie und die sich daran anschließende Geschichtsphilosophie der Aufklärung war – wie schon am Ende der Antike – „Steinzeit" identisch mit „Urzeit der Menschheit" geworden. Gemäß ihrem Temperament und der Beeinflussung durch ideologische Vorgaben sahen die Autoren darin entweder einen Abstieg vom paradiesischen Beginn zu Zerfall und Untergang oder einen Aufstieg vom primitiven Leben zu Kultur und Zivilisation. Den Aufstieg postulierten Lukrez vor gut 2000 Jahren und seine vielen Nachfolger bis hin zu Darwin und dessen Zeitgenossen Haeckel. In beiden Auffassungen wirkte aber die Urzeit zweifellos in die Gegenwart weiter. Die Erbsünde blieb Basis für die Zukunft des jüngsten Gerichtes. Die Entwicklung als Fortschritt aber war nur denkbar als kontinuierlicher Aufstieg vor dem Hintergrund überwundener Finsternis.

An der Wende zur Neuzeit etablierte sich die kritische Geschichtswissenschaft unter anderem mit dem Nachweis, daß die Urkunde der sogenannten konstantinischen Schenkung Roms an den Patriarchen der Stadt eine Fälschung war. Für die Historiker ergab sich im Anschluß an die älteren kosmologischen Überlegungen ein weiteres konzeptionelles Problem: wie weit war diese steinerne Epoche der Urzeit überhaupt Geschichte? Herder (1744–1803) sah auf offener christlich-katholischer Basis auch die Urzeit schon als Teil der menschlichen Geschichte und prägte dafür den Begriff der Urgeschichte. Hegel (1770–1831) wollte dagegen auf idealistisch reformiertem Grund die Geschichte der Menschheit auf jene Epochen begrenzen, welche aus schriftlichen Quellen den allgemeinen Fortschritt in Sprache und Bewußtsein erfassen lassen. Vorgeschichte war alles, was dorthin führte, aber eben selbst noch keine Geschichte war. Dieses Dilemma bleibt sicher prinzipiell unlösbar, da man je nach Ansatz sowohl das Kontinuum wie auch die Diskontinuität philosophisch gegensätzlich werten kann.

Noch im heutigen allgemeinen historisch politischen Bewußtsein ist die Steinzeit eine dunkle, in ihrer tatsächlichen und lang anhaltenden Vielfalt weithin fast unbekannte Epoche. Ebenso wird in den Medien die Steinzeit noch mit atavistischer und oft bedrohlicher Primitivität gleichgesetzt. Ausdrücke wie „zurück in die Steinzeit bomben“ im Vietnamkrieg, der „Steinzeitkommunismus“ der roten Khmer oder die „steinzeitliche Unerbittlichkeit“ bei der Verfolgung von Flüchtlingen in Zentralafrika zeigen dies in aller Deutlichkeit. Etwas anders tönt es neuerdings im Zusammenhang mit der Inneneinrichtung der 1986 in Betrieb genommenen sowjetisch-russischen Raumstation MIR, „die aus der Steinzeit der Weltraumfahrt zu stammen scheint“. Hier liegt die Steinzeit nur noch elf Jahre zurück und ist schlicht Synonym für alte und simple Anfänge, die aber doch noch ziemlich nützlich und sogar unersetzlich sind, um Erfahrungen für Neubauten von Raumstationen zu sammeln. Steinzeit wird so zum leicht verständlichen historischen Begriff für alt und einfach. Ob man darin aber einen negativen oder positiven Wert sehen will, bleibt wieder Sache des philosophischen und empirischen Ausgangspunktes.

Doch – auch wenn wir viele Details noch lange nicht kennen – soviel ist schon gewiß, die wahre Steinzeit war ganz anders. Mit ihr beginnen die Technik der Menschen und ihre Geschichte. Die Steinzeit führt die Menschen in die von ihnen geprägte Epoche. Die individuelle Innenwelt und die mit dieser verbundene soziale Kontaktwelt des Menschen erfahren ihre ersten Veränderungen. Damit vernetzt sind neue Entwicklungen der hierfür nützlichen Gehirnteile. Diese sind nur teilweise in der Morphologie der selten gefundenen Schädel nachweisbar, mit deren Untersuchung sich die Paläoanthropologie beschäftigt. Weit zahlreicher sind die von Menschen hinterlassenen steinzeitlichen Spuren, von denen dieses Buch handelt.

Insgesamt müssen wir vier Abschnitte auseinanderhalten. Im ersten und weitaus längsten verbreiten sich die Sammler- und Jägerkulturen über fast alle Klimaräume der Erde. Im zweiten finden die frühesten Züchtungen und Zähmungen von Pflanzen und Tieren statt. Alle in diesen beiden Perioden entwickelten Techniken wie zum Beispiel die Erfindung der Keramik sind rein steinzeitlich. In diesen mehr als zwei Millionen Jahren werden die Grundlagen geschaffen für die beginnende und sich steigernde Bevölkerungszunahme und die damit mögliche Differenzierung zukünftiger kultureller Entwicklungen.

Im dritten, zeitlich nur noch kurzen, aber umso dynamischeren Abschnitt tritt mit der intensiveren Verarbeitung der Metalle vor etwa 8000 Jahren eine neue und universalhistorisch wichtige technische Komponente auf. Die bisher allenfalls wie Gesteine „kalt" und rein mechanisch verarbeiteten metallischen Erze werden von da an umgeschmolzen und durch Vermischungen legiert. Ständig wachsende handwerkliche Spezialkenntnisse sind dafür notwendig. Die Metalle des ehernen Zeitalters müssen wegen ihres regional unterschiedlichen Vorkommens gesucht und durch Handel erworben werden. Die Regionen der Metallverarbeitung breiten sich nur langsam aus.

Der Beginn des dritten Abschnitts ist also eindeutig kein scharfer und sofort weltweit wirksamer Schnitt. Steinzeit und Metallzeit stehen lange synchron nebeneinander und beeinflussen sich in den Grenzzonen. Die einfache, zur Zeit der Antike mit ihren beschränkten geographischen Kenntnissen entstandene Periodisierung der verschiedenen Zeitalter gilt also keineswegs für die ganze Welt. Im dritten Abschnitt dehnen die Menschen den von ihnen bewohnten Raum in der Arktis und im Pazifik mit steinzeitlichen Techniken weiter aus. Erst vor gut einem Jahrtausend wird so schließlich auch Neuseeland und Madagaskar (von Südostasien aus!) erreicht.

Im vierten, letzten und zeitlich auch nur noch kurzen Abschnitt der Steinzeit überleben bis in unser zweites christliches Jahrtausend in den Randzonen der Ökumene noch immer eindeutig die unterschiedlichsten „steinzeitlichen" Kulturen trotz aller oft vorhandenen indirekten und direkten Einflüsse von außen. Diese Lebensformen bestehen mit geringer Menschendichte auf riesigen Flächen ohne eigene Metallherstellung. Erst im jetzt zu Ende gehenden Jahrhundert werden auch die letzten Kulturen rein steinzeitlich technischer Art in isolierten Dschungelgebieten endgültig erschlossen und in das politische Weltsystem integriert. In diesem haben sie allerdings, auch unter Anrufung der UNO, um ihr Überleben zu kämpfen.

Bei der hier versuchten Übersicht müssen wir uns auf die Hauptzüge der Ereignisabläufe beschränken. Das Quellenmaterial ist immens, aber oft noch sehr unzureichend aufgearbeitet, und wir können uns daher nur auf wenige gut publizierte Fundstellen oder gelegentlich auch Fundregionen stützen. In manchen dicht besiedelten Ländern sind leider die archäologisch faßbaren Quellen aus der Steinzeit ganz oder teilweise undokumentiert zerstört worden. Doch anderswo, von Afrika bis zur Arktis, aber auch noch in Europa und Amerika, bleibt genug zu tun.

Außerdem harren viele bereits durchgeführte Ausgrabungen wegen fehlender Mittel und zu wenigen Bearbeitern noch der Auswertung und bleiben daher für die weiterführende Forschung unzugänglich. Die Ausgrabung einer einzigen Station ergibt oft Tausende und Zehntausende weiter zu bearbeitende Stein- und Knochengeräte, Keramikscherben und Tierreste, weit seltener immerhin auch Dutzende von Holzgeräten und Kleiderfragmenten, die nicht nur beim mittlerweile weltweit bekannten „Ötzi" gefunden wurden.

Erst auf der Basis dieser von Archäologen als Chronisten sorgfältig erschlossenen Quellen (die dennoch so unvollständig bleiben müssen wie auch die schriftlichen Quellen) sind die urgeschichtswissenschaftlichen Rekonstruktionen der ehemaligen Ereignisse und Abläufe möglich. Dabei gelten auch für die Urgeschichtler dieselben Regeln wie für denjenigen Historiker, der aus Textquellen die Sprache und damit auch das „Eigen-Bewußtsein", also die Motivationen und Reflexionen früher lebender Menschen erfassen kann: die Begrenzung auf die jeweilige Aussage der verfügbaren Quellen. Wie schon um 1940 Marc Bloch als einer der Väter der modernen kritischen Historik betont hat, kann der Historiker – und also auch der Paläohistoriker – niemals die vollständige Wirklichkeit des ursprünglichen Geschehens und des jeweils zugehörigen Umfelds erfassen, sondern nur das, was seine zufällig erhaltenen

Quellen ihm bestenfalls schildern und erschließbar machen. Dies aber bleibt eine Kunst schon bei der Auswahl des erforderlichen, sinnvollen Maßstabes, der in diesem Bändchen hoffentlich gefunden worden ist. Die Vielfalt der Geschichte steinzeitlicher Menschen möge dabei in Zeiten und Räumen deutlicher werden, so wie dies schon Bloch als Ziel der Geschichtsschreibung postuliert hat in der heutigen pluralistischen Welt, welche eher realistisch als „global city" und nicht romantisch mit „global village" angesprochen werden sollte.

Manche Erkenntnisse sind schon gewonnen, aber vieles bleibt noch immer unklar. Die Feldmethoden und Auswertungsverfahren der Archäologie sind allein schon für die Quellendokumentation zu verbessern. Die darauf aufbauenden paläohistorischen Folgerungen müssen ständig weiter entwickelt werden, manchmal auch mit Konsultation der spekulativen und teilweise etwas zu absoluten Theorien der Geschichtsphilosophen. Neben derartigen immer auch und durchaus mit Recht wertenden Kommentaren bleiben aber schon jetzt genügend Funde und Befunde als tragfähige konkrete Quellen und unverfälschbare Tatsachen. Sie werden auf den folgenden Seiten im Vordergrund unserer Chronik der Steinzeit stehen.

Bei den Datierungen im Text folge ich meinem methodischen Grundzweifel an irreführender Übergenauigkeit von Zeitangaben. Auf eine ausführliche Begründung dieses Zweifels habe ich – der Bitte des Verlages folgend – verzichtet, weil die entsprechenden Erörterungen auf größeren Vorkenntnissen aufbauen müßten, als wir den Leserinnen und Lesern abverlangen dürfen. Eine gröbere, alle Unschärfen berücksichtigende Datierung ist schlüssiger, als eine feinere, die derartige Unschärfen unterdrückt. Dies gilt vor allem im Zeitalter der schnellen Rechner und Datenbanken, die derartige Pseudoinformationen unreflektiert und unkritisch einem statistisch noch wenig geschulten breiteren Publikum vermitteln. Leider fehlt diese Schulung in der angewandten Mathematik, die im Grunde nur den kritischen gesunden Menschenverstand zu systematisieren hat, auch nicht wenigen Fachleuten.

Wie weit Urgeschichte einen belehrenden Sinn hat, möchte

ich, auch nach einem halben Jahrhundert Beschäftigung mit diesem Thema, weitgehend offen lassen. Als Antwort auf diese Frage möge das vorangestellte Motto genügen. Denn die Wege des Menschen als erfaßbare Geschichte sind sicher schon Ziel genug. Ihren Erkenntniswert behalten diese Wege nur, wenn sie nicht im absoluten „Omega" des Endes der Geschichten der Menschen münden, wie dies die Mystiker zu sehen meinen. Ich ziehe es vor, hier an eine durchaus spekulative kosmologische Unendlichkeit der Wege zu glauben, die alle in der Steinzeit unseres Globus' begonnen haben.

Auch im kommenden Jahrtausend bleibt für die weitere Aufklärung der Geschichte der Menschen in der Steinzeit noch Arbeit genug. Dies wird im Rahmen der notwendigen Renaissance der Geschichtswissenschaften erst dann leichter gelingen, wenn die dafür notwendigen Mittel wieder von der offensichtlich interessierten Öffentlichkeit bereit gestellt werden. Für alle geschichtswissenschaftlichen Bereiche von der ältesten vorbiotischen Erdgeschichte bis zur Geschichte des Lebens und des Klimas und von der Urgeschichte bis zur Neuesten Geschichte würde etwa ein Drittel jener Summe ausreichen, die wir zur Zeit weltweit in die Erforschung unseres Planetensystems und unseres Kosmos' investieren. Hier wie dort begegnen sich eine schwer vorstellbare Vergangenheit, die nur kurz politisch beeinflußbare Gegenwart und eine faktisch unbegrenzt wirkende Zukunft. Es ist daher sicher folgerichtig, wenn wir als logische Ergänzung zum Bild des Kosmos auch die Geschichte unserer Erde, ihres Lebens und ihrer Menschen, zu der auch die lange Epoche der Steinzeit gehört, besser erkennen und verstehen lernen.

II. Vom Mythos zur kritischen Paläohistorik

Mythen siedeln immer in der Vergangenheit, um diese zu erklären und zugleich zu bewahren. Sie sind aber auch Antworten auf Fragen, die überall an die Vergangenheit gerichtet werden. Dazu gehört jene nach der Entstehung der Menschen und damit unmittelbar verknüpft nach den Wurzeln ihrer „Gesittung" und ihrer „Kultur". Untrennbar damit verbunden sind auch das Problem der Kräfte, die unsere Welt erschaffen haben, und die Verantwortung der Menschen gegenüber dieser Schöpfung. Deren Bewahrung kann teilweise oder ganz mit der Weitergabe ererbter Traditionen an Kinder und Kindeskinder gleichgesetzt werden.

Alle Sprachregionen, die als Kommunikationsräume die Summe gesammelter Erfahrungen für Generationen festlegen, haben auch ihren Schöpfungsmythos. Dieser begründet und erklärt ihre jeweilige Weltvorstellung, die alle anderssprachigen Fremden schon wegen ihrer „unverständlichen" Vorstellungen ausschließt. Wir bezeichnen diese Einheiten von außen gesehen mit dem sehr problematischen Terminus „Volk" oder, mehr verfremdend, als „Ethnie", was aus dem Griechischen kommend auch nur „Schar" oder „Herde" bedeutet. Jeder Sprachgruppe billigen wir zumindest einen Anteil an jener Sammlung und Anwendung von Erfahrungen und Einsichten zu, die wir nach römischen Vorgaben als Kultur oder Zivilisation bezeichnen. Über deren Wesen läßt sich bekanntlich sehr schön streiten, schon die beiden Termini selbst beinhalten gegensätzliche Konzeptionen.

Nach römisch-republikanischer Tradition besteht eine Kultur dort, wo produktiv entwickelter Ackerbau und Viehzucht existieren. Der Begriff Zivilisation dagegen bedeutet mehr: Die römische Verwaltung sah eine Civitas (Bürgerschaft) als politische Einheit an, mit meist städtischem Zentrum und dörflichem Umland. Ein bleibendes Dilemma dabei ist, daß diese Begriffe eigentlich an ganz bestimmte historische Konstellationen gebunden sind, welche aber stets dynamischen

Veränderungen unterworfen waren. Dadurch wird es praktisch unmöglich, stabile Grenzen in Raum und Zeit zu fassen. Die Völker und Stämme mit ihren Sprachzonen sowie Kulturen und Zivilisationen haben bei näherem Zusehen fast nie feste Regionen. Ausnahmen gibt es allenfalls zeitweilig in isolierenden Rand- oder Inselgebieten. Der Begriff „Kultur" wird jetzt überall dort angewendet, wo es um Nutzungen der Umwelt und die Weitergabe der dabei gemachten Erfahrungen geht. Der Terminus „Zivilisation" wird gebraucht, wenn auch die politischen Systeme mit einbezogen werden, wie zum Beispiel dasjenige der griechischen Polis („Stadtstaat" = Kanton) mit ihren nach innen und außen gültigen Normen.

Daher ist es einleuchtend, daß der verallgemeinerte Begriff „Kultur" schon vor der Epoche und außerhalb der Zone des mit städtischen Zentren verbundenen Bauerntums angewendet werden kann. Er ist sogar auf das tradierte Verhalten der Tiere übertragbar. Auch der Begriff „Zivilisation" muß nicht auf die Systeme von Städten und Staaten begrenzt werden. Er kann auch politische Strukturen bezeichnen, die nicht mit diesen identisch sind. Wir werden im letzten Abschnitt dieses Buches darauf zurückkommen. Nicht umsonst heißt das große historische Nationalmuseum Kanadas in Hull, Quebec, schon seit einem Jahrzehnt „Musée Canadien des Civilisations" und das frühere Museum der Völkerkunde in Basel neuerdings „Museum der Kulturen". Beide sind auch der Steinzeit gewidmet.

Nach diesen für das bessere Verständnis der folgenden Ausführungen notwendigen und hoffentlich hilfreichen Begriffserklärungen wenden wir uns nun wieder der Welt der frühen Mythen zu. Überall, wo wir entsprechende Quellen haben, sind erst Erde und Himmel gleichsam als Bühne geschaffen und dann mit Pflanzen, Tieren und Menschen belebt worden – also ein einfaches Umsetzen der jeweils eigenen reflektierten Weltbetrachtung. In egalitären Kulturen ohne feste Machtstrukturen bedarf es dazu keiner Götter. Die Schöpfung beginnt nur mit Hilfe wohlmeinender oder auch ahnungsloser Tiere, mit denen naturnahe Menschen sich emotional besonders verbunden fühlen. Dazu kommen die großen und unsterblich gedachten Ahnen der Urzeit wie etwa Sedna, die Mutter der Tiere bei den Eskimos. In Australien wird die Urzeit als Traumzeit angesehen, in die auch lebende Menschen im Schlaf zurückkehren können. Solche Mythen begründen die Entstehung der jägerischen Kulturen und zugleich die Regeln, welche beachtet werden müssen, um diese Kulturen für die kommenden Generationen zu erhalten. Dazu gehören zum Beispiel der nötige Respekt vor Sedna und die dankbare Erinnerung, mit der die Ahnen zu ehren sind.

Der Schöpfungsmythos des Alten Testaments hat zwar einen ähnlichen Kern, aber er strebt nach umfassender, die Zukunft ein für allemal festlegender Verbindlichkeit. Er will mehr sein als die einfachen Welterklärungen der oben genannten Mythen, nämlich die in Texten fixierte Offenbarung eines allmächtigen Gottes und allein wirkenden Herrn. Der größte aller Herren handelt hier als Schöpfer. Er erschafft Adam und Eva in einem verklärten und friedlichen Tierpark. Die Verheißungen dieses Paradieses können jägerische Kulturen sich nicht ausdenken, da ihnen die gegensätzlichen Erfahrungen von willkürlicher Herrschaft und mordendem Krieg fehlen. Erst nach und durch den für Beginn und Ablauf der biblischen Geschichte unvermeidlichen Sündenfall werden der Pflanzer Kain und der Hirt Abel geboren. Wir haben also schon Tierzüchter und Nomaden vor uns, mit deren Weltbild die Tradition der hart arbeitenden und Gott verpflichteten jüdisch-christlich-muslimischen Bevölkerung im Orient beginnt. Aber die Anfänge von Tierzucht und Nomadentum wurzeln in ausschließlich steinzeitlichen Verhältnissen und lassen sich vor etwa 10000 bis 8000 Jahren in den Steppen der Levante (Vorderasien) erstmals fassen. Dieser Zeitpunkt ist nicht weit entfernt vom heute noch gültigen Nullpunkt des jüdischen Kalenders, der mit der Erschaffung seiner Welt vor 5785 Jahren beginnt. Das Alte Testament schildert nach der siebentägigen Schöpfung der Welt und dem zeitlosen Paradies nur noch den Bereich der Kleinviehzüchter im damals noch feuchten und grasreichen Hinterland Palästinas. Diese Menschen wollten ihre eigene Geschichte erfassen, verstehen und auch gegenüber so vielen anderen Überlieferungen abgrenzen. Die späteren Autoren des Alten Testaments haben weit ältere Traditionen erst im letzten Jahrtausend vor der Geburt Christi niedergeschrieben und auf sie die politischen Herrschaftsstrukturen ihrer Gegenwart übertragen. Dabei mußten sie die genealogische Chronologie anpassen, indem sie ihren frühen Stammvätern Lebensalter von bis zu fast 1000 Jahren zurechneten.

Ein historisch späteres, in den Bereich der frühesten Stadtgründungen gehörendes Beispiel für einen Mythos ist die vor gut 4000 Jahren in altbabylonischer Zeit schriftlich formulierte Erzählung von Enkidu. Dieser Mann aus der Steppe wurde in die Stadt gelockt, um Gilgamesch, den Gründer und Despoten des Stadtstaates von Uruk, zu bändigen. Gilgameschs Mitbürger und Untertanen litten unter seinen Kriegszügen und Bauunternehmungen, bei denen sie Zwangsdienste leisten mußten. Enkidu, der gewaltige „Freund des Wildes", sollte Gilgamesch zunächst bekämpfen, freundete sich aber mit ihm an und verschaffte den Einwohnern von Uruk eine Atempause, indem er Gilgamesch bei auswärtigen Heldentaten begleitete. So gewann Gilgamesch ewigen Ruhm, auch wenn er vergebens das ewige Leben suchte. Wer aber gedenkt Enkidus, ohne den Gilgamesch erfolglos geblieben wäre? In dem Augenblick aber, als die Tempeldirne aus Uruk Enkidu in die Stadt lockte, verlor er das Vertrauen der freien Tiere der Steppe. Auch er wurde so gleichsam aus dem Paradies vertrieben. Mit dieser „Geschichte" in Form der märchenhaften Mythe oder Sage wird erstmals der Gegensatz zwischen der städtischen Zivilisation und ihrem jägerischen „Hinterland" dargestellt und ebenso die sich daraus ergebenden kulturellen Spannungen.

Das Werk des kritischen griechischen Kosmologen Hesiod hat schon „wissenschaftliches" Format und gehört in die Zeit des Umbruchs vom ehernen zum eisernen Zeitalter um 700 v. Chr. Er sah das steinerne und vor dem ehernen einzuordnende Zeitalter ebenfalls als Verklärung der verlorenen Vergangenheit. In seiner Gegenwart, der hektischen Gründerzeit vieler griechischen Koloniestädte, sieht er dagegen Niedergang und Verfall.

Anders betrachtet das der große Kompilator Lukrez, der überzeugte Römer und Überlieferer früherer griechischer Historiker und philosophierender Kosmologen im letzten Jahrhundert vor der Geburt Christi. Er lebte in der ausgehenden, durch die lange und meist geschickte Anwendung politischer Mittel erfolgreichen römischen Republik, welche die Grundlagen für das auf sie folgende langlebige „Friedensreich" Roms geschaffen hat. Bei Lukrez beginnen die Menschen ihre Kultur nicht mit Klauen und Zähnen frühester Wildheit, sondern in einer ersten Epoche mit der Nutzung von Stein und Holz. Darauf folgen dann im Sinn des positiven Fortschritts das eherne (bronzene) und das eiserne Zeitalter.

Es würde hier zu weit führen, auf die vielen Überlegungen zur Entwicklung der Kulturen und der damit verbundenen Wertung menschlichen Verhaltens in den folgenden Jahrhunderten einzugehen. Neben dem paradiesischen Urzustand, über dessen Dauer man weiterhin unterschiedlicher Ansicht war, blieben die Vorstellungen vom unvermeidbaren Verfall bis zum jüngsten Gericht in den meisten großen Weltreligionen vorherrschend. Erst am Ende des europäischen Mittelalters und nach der Eroberung von Byzanz durch die Osmanen eröffneten die neuen Handelswege zur See zwischen Europa und Asien um 1500 neue Perspektiven mit zunehmend direkten Kontakten über enorme Distanzen. Durch die daran anschließenden Arbeiten der Humanisten wurden die kosmologischen und technisch-historischen Konzepte der Antike wieder entdeckt und über den in der Mitte des 15. Jahrhunderts beginnenden Buchdruck auch einem immer größeren Publikum bekannt.

Neben dem Studium der Schriftquellen entwickelte sich ebenfalls ab etwa 1450 in Italien die neue Disziplin der Archäologie, welche nach den Orten und Spuren der Handlungen in den antiken Berichten suchte. In Rom und Florenz entstanden damals schon die ersten Antikensammlungen, die Münzen, Gemmen und Kleinplastiken enthielten. Planmäßige

Grabungen nach Kunstwerken in antiken Ruinen nahmen ständig zu und erreichten in der ersten Hälfte des 18. Jahrhunderts einen Höhepunkt mit den Ausgrabungen von Herculaneum und Pompeji. Zwischen 1764 und 1767 legte Johann Winckelmann bereits seine „Monumenti antichi inediti" vor – die Archäologie war endgültig als Methode der Historik etabliert.

Die Stunde der Geologie und der von ihr entwickelten Datierungsverfahren hatte schon vorher geschlagen. 1669 zeichnete der Däne Niels Stensen die ersten Gesteinsprofile und beschrieb Sedimentationen (Ablagerungen) als stratigraphische (als Schichten beschreibbare) Überlagerungen. 1797 publizierte John Frere einen Faustkeil aus der heute noch wichtigen Fundstelle in Hoxne in Südengland mit Abbildung in der Zeitschrift Archaeologia und setzte das Objekt sogar in zeitliche Beziehung zu den am selben Ort gefundenen Muscheln und Knochen von Großsäugern. Mit seinem Bericht an die Gesellschaft der Antiquare, die sich damals auch als Händler von Altertümern etabliert hatten, war Frere den Wissenschaften seiner Zeit weit voraus: „Diese Feuersteinwaffen sind von Menschen hergestellt und benutzt worden, die noch kein Metall verwendet haben, und die Lage, in der diese Waffen gefunden worden sind, läßt uns vermuten, daß sie in weit zurückliegender Zeit entstanden sein dürften, noch früher als unsere jetzt bestehende Welt."

Bis dahin hatte man sich mit den Datierungen von archäologischen Funden nicht über die Zeit der Kelten hinaus gewagt, des frühesten Volkes, von dem die antiken Quellen in Westeuropa berichteten. In Norddeutschland und Skandinavien, wo sich die Funde ebenfalls ständig mehrten und in Sammlungen von keramischen Gefäßen und Stein- oder Metallgeräten eingereiht wurden, datierte man bis in die Zeit der Germanen zurück. Die antiken Quellen ließen keinen Zweifel daran, daß Kelten und Germanen schon mit eisernen Waffen kämpften.

Einen weiteren Schritt in die Vergangenheit tat die neu im kulturhistorischen Feld etablierte Vergleichende Sprachwissenschaft. Auch wenn sie noch nicht beweisen konnte, daß das indische Sanskrit, mit dem englische Forscher im späteren 18. Jahrhundert nach der Eroberung Indiens in Kontakt kamen, eine besonders alte Sprache war, bekam sie zu Beginn des 19. Jahrhunderts doch erstmals weiträumige Vergleichsmöglichkeiten. So konnte eine frühe indoeuropäische Sprachregion konstruiert werden, aus der in vorerst nicht datierbarer Frühzeit viele nordeurasiatische Idiome (Untersprachen) vom Atlantik bis zum Golf von Bengalen hervorgegangen sein mußten. Die Sprachwissenschaft erreichte nun indirekt eine Zeitebene vor den antiken Schriftquellen.

Auch die aufblühende Paläontologie (Lehre von früheren Lebensformen) führte im 19. Jahrhundert mit der Beobachtung offensichtlich ausgestorbener Pflanzen und Tiere, die Karl von Linné (1707–1778) in seinem systematischen Katalog nicht aufgeführt hatte, zur Erschließung der Vergangenheit über die antiken Berichte hinaus. Um die neuen Ergebnisse mit den geltenden Vorgaben des Alten Testaments in Einklang zu bringen, verlegte man ihre Existenz in die Zeit vor der großen Flut, die man durch viele hoch über dem aktuellen Meeresspiegel liegende marine Ablagerungen zu fassen glaubte. 1823 prägte der englische Geologe W. Buckland für diese Epoche der Überschwemmungen den Begriff „Diluvium", ohne zunächst erkennen zu können, daß es sich keineswegs um ein einziges in sich geschlossenes Ereignis handelte. Das sich ständig vermehrende Fundgut an fossilen Pflanzen und Tieren führte schon bald Georges Cuvier (1797–1832) dazu, seine „Katastrophentheorie" zu entwickeln, mit der er eine mehrfache Wiederholung weltweiter, das bisherige Leben nahezu vollständig zerstörender Ereignisse postulierte, von denen die biblische Sintflut nur das letzte war. Folgerichtig begann nun die Suche nach dem vorsintflutlichen Menschen als dem Zeitgenossen der ausgestorbenen Tiere, obwohl Cuvier selbst glaubte, daß dies kaum je Erfolg haben könnte.

Die sich verbreitende Aufklärung und der Ausbau der Geschichtsphilosophie unter anderem durch Voltaire nicht zuletzt unter dem Einfluß chinesischen Gedankenguts führten zu neuen Entwicklungstheorien. Dazu gehörte diejenige von Jean

Baptiste de Lamarck (1744–1829), der die Veränderungen der Tierformen auf Veränderungen in ihrer Umwelt zurückführte, wie zum Beispiel die berühmte Giraffe, deren Hals länger wird, weil die Bäume höher wachsen. Erst Charles Darwin (1809–1882) formulierte endgültig eine erste „Gesamttheorie" der geradezu gesetzmäßigen Evolution, die sich offenbar mit den Vorgaben der göttlichen Offenbarung nicht mehr in Einklang bringen ließ. Auch die bis dahin oft genug skeptisch bewerteten Ereignisse der Geschichte waren demnach, gerade wegen des ständigen Existenzkampfes, nun im Sinne von Lukrez und seinem Vorbild Epikur im Lichte des Fortschritts zu sehen. Laut Darwin setzten sich nämlich nur die jeweils fähigsten Individuen, Arten und Gattungen durch. Die unfähigeren wurden verdrängt und verschwanden. Diese Vorstellungen leuchteten dem liberalen Zeitgeist des damaligen England mit seinem Konkurrenzdenken sofort ein. Schon 1850 hatte der englische Soziologe und Philosoph Herbert Spencer grundsätzlich deklariert, daß „der Fortschritt nichts Zufälliges, sondern etwas unbedingt Notwendiges, ein Bestandteil der Natur ist". 1871 dehnte Darwin mit der Publikation „The descent of man and on selection in relation to sex" seine Theorie auch öffentlich auf den Menschen aus. Er hatte damit lange gezögert, obwohl sein christliches Weltbild gerade in Bezug auf den Menschen schon bei der Reise mit der „Beagle" (1831–1836) aufs schwerste erschüttert worden war, als er in Kontakt mit den damals noch ganz steinzeitlich lebenden Indianern von Feuerland kam. Besonders betroffen war er, als er erleben mußte, wie die nach England gebrachten Angehörigen dieser Gruppen in London ohne weiteres als unauffällige Gentlemen leben konnten, aber nach ihrer Rückkehr sich sofort wieder ihrer alten Kultur mit deren begrenzten Möglichkeiten anpaßten. 1886 entwickelte E. Haeckel (1834–1919) nach den Ansätzen von Darwin seine Ökologie zur Darstellung von Wechselbeziehungen der Lebewesen mit ihrer Umwelt. In seiner Humanökologie bezog Haeckel für den Menschen ausdrücklich auch die Technik in das Geflecht dieser Wechselbeziehungen mit ein.

Doch schon vor dem Aufblühen dieser Theorien war im Gelände, dem Testfeld der Paläohistorik, einiges geschehen. 1837 begann Boucher de Perthes (1788–1868) in Nordfrankreich an der Somme systematisch in dortigen Kiesgruben nach Resten ausgestorbener diluvialer („sintflutlicher") Tiere, synchronen Steingeräten und Figurensteinen zu suchen. Er stieß auf erhebliche Skepsis, besonders weil er die Figurensteine als von diluvialen Menschen aus Feuerstein geformte Tier- und Menschenplastiken ansah und sie als Beleg für den Stand der damaligen Kultur verwenden wollte. Bis heute ist unklar, wie weit diese Figurensteine wirklich bearbeitet wurden oder ob sie schon in der Vergangenheit allenfalls nur als zufällige Naturprodukte gesammelt wurden, weil sie mit ihren Formen der Phantasie Bilder vorgaukeln.

Aber die Zeit war nun endgültig reif für die Anerkennung der Existenz des diluvialen und vordiluvialen Menschen. Unterdessen hatte man auch das Phänomen der Eiszeiten erfaßt, welche der Epoche des Diluviums zugeordnet wurden. Das Diluvium seinerseits wurde dem älteren Abschnitt des Quartärs gleichgesetzt, des vierten Zeitalters in der ersten Gliederung der von der Paläontologie rekonstruierten Erdgeschichte. Als jüngerer Abschnitt wurde dem Quartär das bis heute andauernde Alluvium zugewiesen. Der Begriff „Tertiär" wird ebenfalls heute noch für die Phase der Entwicklung der Säugetiere seit rund 70 Millionen Jahren gebraucht.

Auch in englischen, französischen und deutschen Höhlen fanden sich im 19. Jahrhundert immer häufiger „diluviale", also aus dem älteren Quartär stammende Reste von Lebewesen. Die Bauern verwendeten deren phosphatreiche Sedimente zur Verbesserung ihrer ausgelaugten Böden vor der Entwicklung der Kunstdünger. Diese Tierreste lagen öfters neben zweifelsfrei geschlagenen Steingeräten und manchmal auch Menschenknochen. Aber erst 1859 (als Darwin seine Abstammungslehre veröffentlichte) wurde in der Brishamhöhle in der englischen Grafschaft Kent erstmals eindeutig die Gleichzeitigkeit von Steingeräten und ausgestorbenen Tierarten unter einer ungestörten Sinterdecke nachgewiesen. Ein Jahr zuvor schon hatten der Archäologe John Evans, der Geologe Joseph Prestwich und der Paläontologe Hugh Falconer die Fundstellen von Boucher de Perthes in Nordfrankreich besucht und sich von der Zusammengehörigkeit der Steingeräte und Fossilien überzeugt. Der schon 1856 unweit von Düsseldorf geborgene und von Fuhlrott (1803–1877) publizierte Neandertaler spielte in diesem Zusammenhang noch keine Rolle. Der berühmte Anatom und Anthropologe Rudolf Virchow (1821–1902) in Berlin datierte mit der ganzen Wirkung seines hohen fachlichen Ansehens das Skelett wegen dessen guter Erhaltung im kalkigen Höhlenschutt irrtümlich als mißgebildeten Toten in das 19. Jahrhundert.

Der entscheidende Durchbruch kam mit dem Buch „Geological Evidences of the Antiquity of Man", das Charles Lyell, einer der Väter der Geologie, 1863 vorlegte. Nach der bereits dritten englischen Auflage wurde es 1864 ins Deutsche übertragen unter dem Titel „Das Alter des Menschengeschlechtes auf der Erde und der Ursprung der Arten durch Abänderung nebst einer Beschreibung der Eiszeit in Europa und Amerika". Die ausgestorbene Waldfauna von Cromer zu Beginn der englischen Eisvorstöße datiert Lyell auf ein Alter von 224000 Jahren, also weit vor allen Daten, die bis dahin aus dem Alten Testament abgeleitet wurden.

In Skandinavien und Norddeutschland hatte man unterdessen begonnen, das sich immer stärker vermehrende Fundgut, vor allem aus geborgenen Grabbeigaben, nach den theoretischen Angaben von Hesiod und Lukrez zu gliedern. B.E. Hildebrand (1830) und C. J. Thomsen (1818/36) teilten in ihren Sammlungen das Material in Stein-, Bronze- und Eisenzeit. In Frankreich schlägt Lartet 1863 bereits eine Gliederung nach Faunenepochen vor: – 1. Flußpferd-Periode mit Faustkeilen vom St. Acheul-Typus, im Freiland; – 2. Höhlenbären- und Mammut-Periode mit den Funden von le Moustier (wo Lartet auch schon das Ren erkannte) und verfeinerter Steinbearbeitung in Aurignac, aus Höhlen; – 3. die eigentliche Rentier-Periode mit den Funden von Laugerie-Haute und La Madeleine, auch in Höhlensedimenten. Diese Gliederung hielt sich nicht lange und wurde durch Gabriel de Mortillet 1880 am Musée des Antiquités Nationales in Saint Germain en Laye mit seinen großen Sammlungen durch das im Prinzip auch heute noch geltende Grundschema ersetzt. Es gibt demnach zwei Hauptstufen innerhalb der Steinzeit: einmal die Periode des geschlagenen Steines, das ist die Ältere Steinzeit (Paläolithikum) und dann die Periode des geschliffenen Steines, die Jüngere Steinzeit (Neolithikum). Mortillet gliedert zudem das Paläolithikum noch weiter in einen älteren Abschnitt, das Altpaläolithikum, und einen jüngeren, das Jungpaläolithikum. Im Altpaläolithikum folgt dem basalen Chelléen mit den Faustkeilen vom Saint Acheul-Typus das Mousterien der Höhlen. (Chelléen wird hier mit der original französischen Endung geschrieben, heute wird aber meistens wie im folgenden Text die englische Version gebraucht: Chellean.) Das Jungpaläolithikum hat als Perioden das Aurignacien, dann das Solutréen und schließlich das Magdalénien. Wie in der Archäologie üblich, werden diese Phasen auch mit „Kulturen" oder distanzierter mit „Techno-Komplexen" gleichgesetzt. Benannt werden sie meist nach Fundorten, an denen umfangreichere zugehörige Inventare zum ersten Mal beschrieben wurden. Es gibt aber auch Phasen, deren Namen von Verzierungsstilen auf Gefäßen abgeleitet werden, wie etwa der Bandkeramik im Neolithikum. Dieses Schema hat in Frankreich im letzten Jahrhundert noch einige Verfeinerungen erfahren, die sich aber nur zum Teil durchsetzen konnten. Wir haben es hier mit einer typischen Begriffsdiskussion zu tun, in die wir uns bei dieser Übersicht lieber nicht verlieren wollen.

Auch im subsaharischen Afrika, in Südasien, Australien und Amerika gibt es eigenständige, aus der Entwicklung der archäologischen Forschung abgeleitete Phasenbegriffe. Wir werden den entsprechenden Epochenbegriffen in den folgenden Abschnitten am ihnen zukommenden Platz begegnen, die Zeittafeln vor dem ersten und bei späteren Kapiteln erlauben eine rasche Orientierung, in welcher Zeit wir uns jeweils bewegen.

Wichtiger ist aber, daß vor allem der in England lehrende Australier Gordon Childe (1892–1957) die Einführung von

Pflanzenanbau und Viehzucht als „neolithische Revolution“ bezeichnete, wodurch die Epoche des Neolithikums eine ökonomische Definition erhielt. Die ursprüngliche Auffassung nach Mortillet als Epoche des „geschliffenen Steins“ ist darüber praktisch in Vergessenheit geraten. Dies aber wie üblich leider nicht vollständig, da sie in Sibirien und im russischen Fernen Osten noch im rein technohistorischen Sinn benutzt wird. Doch ausgerechnet dort ist die Epoche des geschliffenen Steins keineswegs identisch mit einer Periode der Viehzucht oder gar des Pflanzenanbaus. Auch die jüngeren prähistorischen Jägerkulturen in Eurasien, Australien und Amerika kennen den Steinschliff.

Seit Childe und dem intensiven soziologischen Interesse der angloamerikanischen Anthropologie erhält heute die Erforschung der Steinzeit neben der traditionell technohistorischen auch immer stärkere geschichtsphilosophische, ökonomische und gesellschaftswissenschaftliche Komponenten. Neben die Feldarbeit der Archäologen und deren direkte Fundauswertungen tritt eine durchaus fruchtbare Diskussion der Interpretationen, welche sich eigenkritisch allmählich dem unterdessen immer „pluralistischeren“ postmodernen Zeitgeist öffnet. Dies nicht zuletzt wegen des deutlich wachsenden Interesses an den Ergebnissen der Geschichtswissenschaften. Das gilt vor allem für die frühesten, noch überwiegend biohistorisch gesehenen Anfänge menschlichen Handelns und die jetzt wirtschaftlich gedachte „Neolithisierung“. Beides sind international bedeutsame Forschungsfelder. Dabei wird eine enge und aufwendige Zusammenarbeit mit Botanikern und Zoologen notwendig, die bereit sind, sich historischen Fragen zu stellen. Das Fundgut wird so umfangreich, daß sich neue Teildisziplinen der Archäologie bilden müssen, die gegenwärtig noch kaum über ihre Aufbauphase hinausgekommen sind: Archäozoologie, Archäobotanik und Archäometrie. Deren bisher schon erreichte Ergebnisse sind dennoch überraschend und zeigen zum Beispiel, daß tatsächlich „Neolithisierungen“ an vielen Stellen des Globus’ und zu sehr verschiedenen Zeiten erfolgten. Von einer neolithischen Revolution läßt sich nicht mehr reden, allenfalls von Überschreitungen der „Neolithisierungsschwellen“. Sicher ist, daß die zukünftige Urgeschichtsforschung nur dann erfolgreich arbeiten kann, wenn sie sich zugleich als Natur- und als Kulturwissenschaft versteht, indem sie deren längst überholte Trennung endgültig überwindet. Sie muß auch die theoretischen Fortschritte der Paläontologie beachten. Dort beobachtet man oft plötzliche Stufensprünge eines unstabil werdenden, vorher lange anhaltenden stetigen Gleichgewichts mit geringen Veränderungen. Statt der eher passiven nachträglichen „Anpassung“ wird immer häufiger von einer eher aktiv vorhergehenden konstruktiven „Vorleistung“ gesprochen.

Außerdem erlaubt die Dendrochronologie (die Bestimmung eines Zeitraumes aus den Jahrringen der Hölzer, die an einem archäologischen Fundort auftauchen) neue Datierungsmöglichkeiten mit genauesten Jahreszahlen, welche praktisch die gesamte Jungsteinzeit dort abdecken, wo urgeschichtliche Bauhölzer ausreichend erhalten sind. Mit ihrer Hilfe können auch die zeitlichen Einordnungen eines Fundes auf der Grundlage von Zerfallszeiten des radioaktiven Kohlenstoffes C 14 für eine Epoche, die bis über 10000 Jahre vor heute zurückreicht, in fast „absolute“ Kalenderjahre umgerechnet werden.

Dabei ergab sich eine immer engere Zusammenarbeit mit der geowissenschaftlichen Quartärforschung, die auch die vielen zunächst noch nicht von Menschen beeinflußten Ereignisse im „Eiszeitalter“ weltweit aufklärt und relativ oder absolut mit den unterschiedlichsten Verfahren datiert.

Vor allem durch die intensive Beschäftigung von Louis Seymour Bazett Leakey (1903–1972), seiner Frau Mary und ihren Söhnen in Ost- und Südafrika mit den ersten Phasen der Herstellung von Artefakten (von Menschen geschaffenen Gegenständen) und den zugehörigen frühen Menschenfunden gewann die Steinzeitforschung neue Komponenten. Man hatte zwar schon vor dem ersten Weltkrieg auch weiterhin nach dem vordiluvialen, also „tertiären“ Menschen gesucht. Die extrem einfachen Steingeräte der historischen Tasmanier schienen in diesen Zusammenhang zu gehören. Aber kein sicher in das Tertiär vor mehr als 2,5 Millionen Jahren datierbarer Fund dieser Art konnte als Ergebnis einer eindeutig geplanten Arbeit und damit als im eigentlichen Sinne von Menschen gemacht, „anthropogen", bestimmt werden. L. S. B. Leakey fand in Fort Ternan, Kenya, einen Steinscherben zusammen mit einem Fossil, das in die Anfänge der Entstehung der Menschenaffen einzuordnen ist *(Ramapithecus)*, und schloß daraus, hier einen 12 Millionen Jahre alten Vorläufer der späteren Artefakteproduktion gefunden zu haben. Davon ausgehend förderte Leakey die Verhaltensforschung an den heutigen afrikanischen Menschenaffen, um deren Lern- und Kulturpotential zu erkunden. Das Ergebnis ist bekannt: Alle Menschenaffen sind durchaus lernfähig, aber nicht unbedingt immer lernwillig. Sie haben komplexe artgebundene eigene „Kulturen", sind aber offensichtlich in keinem Fall imstande gewesen, selbst menschliche Fähigkeiten zu entwickeln. Ihr Gorilla- oder Schimpansenleben war ihnen genug. Zudem blieb selbst unter zoologischen Verhaltensforschern umstritten, wie weit genetische Vorgaben das Verhalten von hochentwickelten wildlebenden Primaten und anderen Tieren steuern, oder inwiefern auch psychische Komponenten und Potentiale zu frei kombinierbarem Lernen führen. Es ist zwar bewiesen, daß wir genetisch mit den Schimpansen am engsten verwandt sind. Aber seit sich die Menschen vor etwa fünf bis acht Millionen Jahren von ihnen trennten, haben die Schimpansen im Laufe ihrer eigenen Geschichte ihr Verhalten weiter „schimpansiert", was sie ebenfalls von unseren gemeinsamen Vorfahren weggeführt haben wird. So haben auch Gibbons, Orang Utans und Gorillas mit ihren größeren genetischen Distanzen zu uns über enorme Zeitspannen hinweg durchaus stabile Ökosysteme gebildet, welche auch in Zukunft erhalten bleiben können, solange wir nicht die für sie notwendigen Wälder zerstören. Das Überleben der Arten wird keineswegs nur durch den internen Konkurrenzkampf zwischen Fähigen und Unfähigen bestimmt, sondern auch durch das Vorhandensein geeigneter Umweltfaktoren. Wichtig ist vor allem, daß es gelingt, nützliche, wohl eher erlernte als genetisch gesteuerte Strategien zur

Konfliktunterdrückung zu entwickeln, wie das offenbar die Gibbons geschafft haben, womit Darwins Modell vom „Überlebenskampf" außer Kraft gesetzt werden kann. Die Gattungen der Gibbons haben immerhin über mehr als 20 Millionen Jahre als die geschicktesten Flüchter und Konfliktlöser aller Primaten existieren können. Das sollten wir Menschen als Krone der „Herrentiere" im System der Linnéschen Klassifizierung erst einmal erreichen.

Chronologie der steinzeitlichen Kulturentwicklung

Millionen Jahre			
0		QUARTÄR	Holozän Pleistozän
		Pliozän	Oldowan *Ältere Australopithecinen*
2 ± 0,2	JÜNGERES TERTIÄR	Miozän	*Sivapithecinen* ● Fort Ternan (Steinscherbennutzung?) *Dryopithecinen*
25±1			

Pleistozän

Millionen Jahre	Afrika	Eurasien	Südostasien
0,01	Jungpleistozän *Homo sapiens sapiens* Late Stone Age Früher *Homo sapiens* Middle Stone Age	Magdalenian *Homo sapiens sapiens* Aurignacian *Homo sapiens neanderthalensis* Mousterian	*Homo sapiens sapiens* Jung paläolithikum Früher *Homo sapiens* Fenhoian
0,13	Mittelpleistozän Früher *Homo sapiens* Middel Stone Age Später *Homo erectus* Acheulean Acheulean	Früher *Homo sapiens* Mittel paläolithikum Später *Homo erectus* Acheulean Acheulean	? Fenhoian Später *Homo erectus* Geröllgerät-industrien Geröllgerät-industrien
0,8	Altpleistozän Acheulean Früher *Homo erectus* *Paranthropus* Acheulean Früher *Homo erectus* Jüngeres Oldowan *Paranthropus* Später *Australopithecinen*	Acheulean Früher *Homo erectus* Jüngeres Oldowan	Früher *Homo erectus* ? ?
2,0			

Holozän

Tausend Jahre vor heute		
	Europäische „Entdeckungen" Wikinger	Ausklang der Steinzeit
1	Ausweitung der Eisennutzung	Späte Steinzeit
	Erste Staaten Regionale Anfänge der Bronzezeit	Paläoeskimos Weiterhin jägerisches Late Stone Age in Afrika
6	Frühe Städte Chalkolithikum Beginn der Kupfernutzung Keramisches Präkeramisches Neolithikum	Jägerisches Mesolithikum in Eurasien
10	Endpleistozän Natufian	Paläoindianer Paläoaustralier *Homo sapiens sapiens*
12		

III. Early Stone Age in Afrika und Altpaläolithikum in Eurasien

Der erste Abschnitt der Steinzeit: die erste Phase (2 500 000 bis 200 000 vor heute)

Wie weit dieser Abschnitt wirklich zurückreicht, ist noch unklar. Er läßt sich in der Alten Welt in drei klare Stufen gliedern:

1. die frühesten Geröllgeräte des Oldowan in Afrika und Eurasien,
2. die Faustkeilindustrien des Acheulean in Afrika und dem westlichen Eurasien,
3. eine Sonderentwicklung in Ostasien, die direkt an das Oldowan anzuschließen scheint.

1.1. Die Oldowan-Menschen in Afrika – Beginn der Arbeitsteilung

Nahezu zwei Millionen Jahre, also annähernd 70 000 Generationen von Menschen, sind vergangen, seit an den Ufern von ostafrikanischen Seen, Flüssen und Bächen einfache Steingeräte geschlagen wurden, die sich mit archäologisch befriedigender Sicherheit als planmäßige Produkte erkennen lassen. Diese Funde sind zusammen mit zerschlagenen Tierknochen offensichtlich Reste von Arbeitsplätzen, an denen auch altertümliche Hominidenknochen gefunden wurden. Derartige Spuren beobachtete die Forschung in den Hängen der Olduwayschlucht seit Beginn des 20. Jahrhunderts. Aber erst die jahrzehntelangen Arbeiten der Familie Leakey in Nairobi klärten nach dem zweiten Weltkrieg die tatsächliche Situation. Schon in den tiefsten Fundlagen des basalen Schichtenkomplexes (Bed I), die radiometrisch zuverlässig auf ca. 1,9 Millionen Jahre vor heute datiert werden können, finden sich diese Aktivitätsspuren auf erhaltenen alten Landoberflächen. Sie sind zwar durch spätere Regengüsse oft etwas erodiert, aber

Oldowan-Frauen

dabei wurden allenfalls kleinere Objekte verschleppt. Größere blieben an Ort und Stelle und ließen dadurch die Fundzonen überhaupt erst erkennen. Vor allem fallen grob zugerichtete Gerölle auf, an denen deutlich Arbeitskanten erkennbar sind. Systematischere Überlegungen dokumentieren diskusförmige Steinkerne, von denen serienmäßig flache Abschläge abgetrennt wurden, die sich zum Teil auch wieder an die Kerne anpassen lassen. Dies sind die ersten klar beobachteten Serien geplanter Steingeräteproduktion. Wie in der Archäologie häufig üblich, wird diese älteste bisher bekannte Steinindustrie nach dem ersten Fundort als „Oldowan“ bezeichnet.

Daß die Abschläge schon als Werkzeuge eingesetzt wurden, zeigen Schnittspuren auf Beckenknochen, die offensichtlich als Arbeitsunterlagen dienten. Die Abschläge wurden mit einiger

Wahrscheinlichkeit zum Schneiden von Häuten benutzt, wie sich dies aus jüngeren steinzeitlichen Perioden häufiger nachweisen läßt. Die Häute selbst sind freilich im Fundgut wegen ihrer geringen Erhaltungsfähigkeit nicht mehr vorhanden. Ähnliches gilt auch für Hölzer, deren Bearbeitung nach jüngeren, analogen Beispielen für weit frühere Zeiten anzunehmen ist. Es gibt allerdings in diesem Materialbereich Funde aus feuchtem, von der Luft abgeschlossenen Milieu bereits aus der Zeit vor 500 000 bis 300 000 Jahren. Es spricht somit alles dafür, daß schon im Oldowan Abschläge und schwere Geröllgeräte in Serien mit eindeutiger Absicht hergestellt und dann entsprechend verwendet wurden, wie das aus den umfänglichen Funden selbst abzuleiten ist. Sie wurden nach Ausweis von Nutzungsspuren häufig als Werkzeuge beim Aufschneiden und Zerlegen von Wild verwendet. Hier wird oft ein Zusammenhang zwischen dem Einsatz von Steingeräten und der Reduktion der Gebisse früher Hominiden gesehen. In dem gleichen Maße, in dem die Vor- und Frühformen des Menschen einfache Werkzeuge zum Aufbrechen der Nahrung einsetzten, entlasteten sie ihre Zähne und Kiefer, die bislang diese Tätigkeit allein verrichten mußten; auf diese Weise begann sich der Kauapparat über viele Generationen hinweg langsam zurückzubilden. Diese Reduktion beginnt schon bei einem Teil der fossilen *Sivapithecinen* noch vor dem Auftreten der mit dem Oldowan verbundenen *Australopithecinen*. Diese Hypothese hat bereits L. S. B. Leakey veranlaßt, in Fort Ternan die Verwendung eines Steinscherbens durch eine am selben Ort belegte Vorform der Menschenaffen vor 12 Millionen Jahren anzunehmen. Diese Nutzung entspräche etwa dem Einsatz planmäßig gekürzter Hölzer durch heutige Schimpansen beim Angeln nach Termiten. Das würde eventuell bedeuten, daß bei *Sivapithecinen* in Steppenregionen (und in Fort Ternan liegt eine sehr frühe Steppenfauna vor) eine systematisch ausgebaute Jagd und damit auch zusätzliche Fleischnutzung über das Insektenniveau hinaus bestanden, ähnlich wie bei den heutigen Pavianen. Auch die Verwendung aufgesammelter Naturabschläge könnte durchaus zur „Entschärfung" der Gebisse beitragen. Gerade an Steppengewässern mit ihren plötzlichen Hochfluten sind diese zertrümmerten Steine leicht zu finden, zerlegt in zurückbleibende natürliche Kerne und davon abgetrennte Abschläge.

Wir können somit festhalten, daß spätestens im ostafrikanischen Hochland seit nahezu 2 Millionen Jahren oder während rund 70 000 Generationen von je 30 Jahren steinerne Schlag- und Schneidegeräte systematisch in der Tradition des Oldowan produziert und eingesetzt worden sind. Nehmen wir die aus den Fundplätzen stammenden Knochenfunde hinzu, so haben wir es offensichtlich mit Menschengruppen zu tun, die mit Hilfe von Werkzeugen ihre Umwelt nutzten. Die so geschaffenen Ökosysteme unterschieden sich grundsätzlich von denjenigen der Tiere, wie das schon die frühen Geschichtsphilosophen postulierten. Indirekt lassen sich auf der Basis weiterer Abnutzungsspuren die Herstellung einfacher Holzgrabstöcke, eventuell auch von Stoßlanzen und die früheste Verarbeitung von Haut und wohl auch Fasern erschließen. Die Objekte selbst sind nicht erhalten.

Es bleiben Fragen offen wie zum Beispiel die Zuordnung der Artefakte von Oldowan zu den von Paläoanthropologen definierten zugleich auftretenden Frühformen des Menschen, den Hominidenarten. Hier spielt der jeweilige geschichtsphilosophische Ansatz dieser Disziplin eine entscheidende Rolle. Bei der Familie Leakey besteht zum Beispiel die Tendenz, die Produktion von Artefakten auf den *Homo habilis* („fähiger Mensch") mit seiner durchschnittlich etwas größeren Hirnkapazität zu begrenzen und dessen Zeitgenossen, die von verschiedenen Autoren den Gattungen *Australopithecus* oder auch *Paranthropus* zugeordnet werden, davon auszuschließen. Das ist ein zwar übliches, aber historisch ziemlich fragliches Verfahren. Bei Hirngrößen sind Mittelwerte nur Zufallsprodukte aus Variationsbreiten und Häufigkeiten in der jeweils verfügbaren Datenbasis, die sich auch sonst für solche Abgrenzungen als unzuverlässig erwiesen haben. Auch das Volumen eines Hirns ist nur schwer bestimmbar und ergibt verschiedene „statistische" Zahlenwerte. Zudem besagt das

Volumen allein wenig über die technische Leistungsfähigkeit eines Individuums, besonders wenn das Entstehen handwerklicher Traditionen in einer Population erforscht werden soll. Wichtiger ist die Tatsache, daß alle Hominiden dieser frühen Zeiten mit aufrechtem Gang und gut entwickelten Händen motorisch durchaus die Voraussetzungen zur Herstellung von Steingeräten besessen haben.

Zum Glück ist dies für die Urgeschichte der Steinzeit kein schwerwiegendes Problem, denn wir haben den klaren Quellenbefund der ältesten Produktion von Steingeräten selbst. Es ist nur wenig relevant, ob nur eine der damaligen Hominidenarten deren Träger war, eine Frage, die wohl nie mit Sicherheit entschieden werden wird. Das bedeutet aber keinesfalls, daß sämtliche nach ihren Schädelformen differenzierten frühen *Hominiden* in allen Teilen dieselben Verhaltensweisen hatten. Falls sie wirklich zu eindeutig unterscheidbaren Populationen gehörten, müssen sie auch genetisch gekoppelte Gruppen oder Pools gebildet haben. Die leichteren und oft recht kleinen *Australopithecinen* können eher wendige Fleischverwerter und die schweren *Paranthropiden* eher Pflanzennutzer gewesen sein. Dafür gib es einige Hinweise, vor allem die Tatsache, daß die robusteren Frühmenschen erst relativ spät verschwanden, als ihre schmächtigeren Konkurrenten schon lange von Populationen der Gattung *Homo* ersetzt worden waren.

Dazu kommt noch ein anderes Argument. In den beiden alten und besser untersuchten Fundpunkten der Olduwayschlucht (DK 1 und FLK 1) liegen schon klar ausgereifte technische Traditionen vor, die eindeutig erkennbar sind. Dazu war ein bisher nicht faßbarer Vorlauf unbekannter Zeitdauer notwendig. Es werden zwar immer wieder noch ältere Funde von verstreuten Steingeräten publiziert, aber diese gehören alle bisher nicht zu archäologisch ausreichend deutlichen Befunden. Immerhin läßt sich aber vermuten, daß der Anfang der Tradition von Oldowan schon in die Zeit der Gattung *Australopithecus* gehören muß und tiefer reicht als die Funde von Olduway. Die oben erwähnte, von L. S. B. Leakey vorgeschlagene Nutzung eines aufgesammelten Steinscherbens vor rund 12 Millionen Jahren durch einen *Ramapithecus* würde noch größere zeitliche Spielräume öffnen. Diese müßten bis in die Zeit der vermuteten genetischen Trennung der Vorfahren von Menschen und Schimpansen vor 5–8 Millionen Jahren zurückreichen. Wäre dieser hypothetisch durchaus mögliche Ansatz richtig, würde sich die Entwicklung steinzeitlicher Vortechniken (und auch der „holzzeitlichen" bei den Schimpansen!) über Gattungs- und Artengrenzen hinweg schon als Kontinuum in einem großen Übergangsfeld darstellen. Das entspräche auch der langen technohistorischen Kontinuität, die nach dem Oldowan klar erkennbar ist und die Grenzen zwischen den allenfalls definierbaren Menschenarten und Unterarten überbrückt.

Ohne Zweifel wurde das Sammeln von pflanzlicher Nahrung fortgesetzt, das alle Primaten, oft mit starker Spezialisierung, und alle Hominiden betreiben. Hier ermöglichten der aufrechte Gang und die damit verbundene Verbesserung der Leistungsfähigkeit beim Lastentransport ein weites Feld der Akkumulation von Erfahrungen und damit die Nutzung aller geeigneten Früchte, Blattgemüse oder Körner, ohne Begrenzung auf eine enge Ökonische.

Dazu kommt auch der Ausbau der systematischen Jagd. Diese ist heute bei den oft deutlich fleischfressenden (carnivoren) Pavianen sowie bisweilen bei den je nach „Angebotslage" jagenden Schimpansen zu beobachten. Für die frühen Hominiden, unsere Oldowan-Menschen, läßt sich zumindest eine Jagd auf verbessertem „Schimpansenniveau" vermuten. Der aufrechte Gang und der dadurch freiere Lauf und Rundblick ermöglichten ein weiteres offensives Vorgehen in die offeneren, an Niederwild reichen Graszonen außerhalb dichterer Gehölze. Die neu entwickelte Lauftechnik war zusätzlich ein erheblicher defensiver Vorteil bei der Flucht zurück zum schützenden Baumbestand in der Nähe des Basislagers. Dabei erwies sich die volle Verfügbarkeit der Arme als sehr nützlich zum Tragen von Sammelgut, Jagdbeute, Geräten und Waffen. Ein Schimpanse zum Beispiel kann nicht lange eine Last bei „dreibeinigem" Laufen tragen, da ihm der austarierte aufrechte Gang und die kontinuierliche Sichtkontrolle der Umgebung fehlen. Das Freiwerden der Hände für die meist im Sitzen ausgeführte Arbeit ist allerdings nicht eine mit dem aufrechten Gang gekoppelte neue Errungenschaft. Das begann schon Jahrmillionen früher bei den ersten Handtieren, die noch Klauen hatten und erreichte neue Dimensionen bei den Primaten mit ihren von flachen Nägeln geschützten sensiblen Fingerkuppen, als allen gemeinsames Merkmal.

Der Einsatz einfachster Holzgeräte – nichts weiter als eine konstruktive Verfeinerung der Holzzurichtungstechnik der Schimpansen – durch Zuspitzen stärkerer Äste mit schneidenden Steinabschlägen eröffnete weitere Entwicklungsmöglichkeiten. Diese „Planungstiefen“ erforderten Denksequenzen, welche den für die Steingeräteproduktion des Oldowan notwendigen Abfolgen entsprachen. Beim Graben nach Knollen ist der Grabstock eine enorme Hilfe, wie auch der Einsatz der einfachsten Lanze bei der Jagd. Schon der erste stabile „Spitzstock“ war eine potentielle Defensivwaffe gegen angreifende Leoparden, deren Bißmarken an Schädeln junger *Australopithecinen* in Südafrika nachweisbar sind. Niederwild konnte rascher zur Strecke gebracht und damit schneller vor Konkurrenten wie Hyänen oder Löwen gesichert werden. Aber selbst der Angriff auf größere Tiere wie Elefanten und Flußpferde ist bei günstigen Gelegenheiten mit begrenztem Risiko durchaus schon früh denkbar. Es ging darum, die Verhaltensweisen dieser großen, sich gegenüber allen Carnivoren sicher wissenden Fleischberge zu erkennen, um sie zu überwältigen: bei Elefanten zum Beispiel den Abstieg auf einem ihrer steilen Wechsel zum Fluß oder den Halbschlaf eines unter einem Steilufer dösenden Flußpferdes.

Daß sich bei einem technisch derart vielfältigen Ökosystem, wie es das der Oldowan-Menschen bereits gewesen sein muß, auch die sozialen Kontakte innerhalb der Gruppen und der Geschlechter mit wohl beginnender Arbeitsteilung über die Generationen hinweg immer stärker intensivierten und differenzierten, ist sehr wahrscheinlich. Man kann gewiß Glynn Isaac zustimmen, der nach seinen Grabungen in Koobi Fora am Turkanasee in Kenya schon 1976 auf die wichtige Rolle der Kommunikation im Basislager bei der sozialen Menschwerdung (Hominisation) hingewiesen hat. Die Menge der dort beobachteten Funde, die sich zu erkennbar geplanten Arbeitssequenzen zusammensetzen ließen, zeigt dies sehr deutlich. Ständig komplexer wurden auch die Wahrnehmungs- (kognitiven) und Verständigungs- (kommunikativen) Fähigkeiten der einzelnen Individuen (mit ihrer Inwelt, in der nur das ICH agieren kann) und der von ihnen gebildeten Gruppen (als zweiter Ring die Umwelt des WIR, nach dem ersten Ring des DU, der Sexualität und der Kinder). Zu diesen Fähigkeiten gehörten sicher auch stimmliche und zeichengebende, bei Jägergruppen oft sehr komplexe „vorsprachliche" Signale bei der intensivierten und hoch produktiven Sammeltätigkeit.

Versuchen wir ein Lebensbild zu skizzieren: „ Noch einmal schaut sich die junge Oldowan-Frau um. Ihr Partner verschwindet mit seinem Freund schnellen Schrittes im hohen Steppengras. Seine neue Lanze, die gestern fertig wurde und von der so viel abhängt, trägt er geschultert. Die Frau zieht ihre zweitgeborene Tochter näher an sich heran und stillt sie. Das erste Kind war nur einen Sommer lang am Leben geblieben. Die junge Mutter bricht mit ihren zwei Schwestern und einem etwas älteren Mädchen zum Graben von Knollen auf, die sie in ihren Fellbeuteln zurück zu den Windschirmen unter dem großen Schutzbaum bringen werden, in dem man die Nacht gemeinsam in Baumnestern verbringt. Alle drei wagen sich mit ihren beiden Kindern nicht über die Sichtdistanz zum Lager hinaus. Den jungen Leoparden, der sich plötzlich an das ältere grabende Mädchen heranpirscht, bemerken sie erst, als er zum letzten Sprung ansetzt. Der abwehrende Stoß mit dem Grabstock ist aber zu schwach, so daß es dem Tier gelingt, sich im Arm der Verteidigerin zu verbeißen. Doch das war sein letzter Angriff. Es verendet unter den jetzt rascheren Stößen der sich wehrenden Frauen. Das Graben wird abgebrochen. Sie eilen in das Lager zurück, um die Wunde am Arm zu versorgen und die Blutung zu stillen. Die alte Mutter hat dafür einen Kräutervorrat bereit, der nach einigen Stunden Auflegen wirklich hilft. Aus dem Fell des toten Leoparden schneiden die Frauen kleine Fellhauben als Schutztalismane für die Kinder. Die zu Waffen gewordenen Grabstöcke werden mit dem toten Raubtier verbrannt, obwohl nur einer beim Kampf mit dem Angreifer zerbrach. Nach der Rückkehr der beiden Jäger, die zwei Buschböcke mitbringen und sich mit den übrigen beiden Männern der kleinen Gruppe treffen, die Eier gesammelt hatten, berichten die Frauen mit noch immer schreckgeweiteten Augen laut und gestenreich über das dramatische Ereignis, das sie so noch einmal nachspielen."

1.2. Frühe Geröllgeräte außerhalb von Afrika – erste Wanderung?

Bis vor kurzem gab es keine klaren archäologischen Befunde für Inventare von Steingeräten vom Oldowantypus außerhalb von Afrika, für die ein Alter von mehr als 1,5 Millionen Jahre angenommen werden kann. Aus Südfrankreich, dem Kaukasus und auch aus Rumänien sowie China und Java sind Streufunde von Steingeräten bekannt, die nach den zugehörigen Tierresten um 1,0 bis 1,5 Millionen Jahre alt sein können. Dies hat sich jetzt mit der Auswertung der doch wohl 1,7 bis 1,8 Millionen Jahre alten Fundstelle Dmanisi im südlichen Georgien geändert. Dort liegen drei Schädel und drei Unterkiefer eines urtümlichen, eher afrikanisch wirkenden *Homo erectus* vor sowie eine Abschlagindustrie, die nach der eingehenden Auswertung der Funde eindeutig dem Jüngeren Oldowan entspricht. Unklar bleibt, ob es sich tatsächlich um den Beleg erster Einwanderer in das südliche Eurasien handelt oder ob die frühe Entwicklung der „Ersten Menschen" schon die damaligen relativ warmen Steppen Anatoliens und Mesopotamiens einbezog.

Die ältesten bisher einigermaßen sicheren und auch ausreichend zuverlässig datierten Steingeräte Südostasiens fanden sich im Kontakt mit der Trinil-Fauna von Java, aus der auch Reste des *Homo erectus* vorliegen. Sie sind 700 000 bis 800 000 Jahre alt. Aus der dortigen tieferen Djetis-Fauna, einer weit verbreiteten Tiergesellschaft, benannt nach einem Fundort auf Java, für die Daten von bis zu 1,4 und 2,2 Millionen Jahre angegeben werden, gibt es ebenfalls Reste altertümlicher Formen des *Homo erectus*, jedoch keine zugehörigen Steinartefakte. Auch hier fehlen noch ausreichende archäologische Befunde, obwohl mit Sicherheit anzunehmen ist, daß die Menschen zur Zeit der Djetis-Fauna wie ihre afrikanischen Zeitgenossen Artefakte hergestellt und verwendet haben.

Gut einzuordnende und damit aussagekräftige, „sichere“ Serien von Geröllgeräten und Abschlägen liegen in Ubeidiya in Israel vor. Die Fundlage hier wurde durch Bewegungen der Erdkruste (Tektonik) stark „verkippt“. Diesen Funden kann aber nur ein Alter von rund 640 000–680 000 Jahren zugewiesen werden. Sie sind zwar eindeutig, aber dennoch jünger als die ältesten europäischen und ostasiatischen Spuren, ein weiterer Hinweis, der die Zufälligkeit der archäologisch faßbaren Überlieferung bestätigt.

Trotzdem stellen uns die Funde in Java und diejenigen im Kaukasus vor die Tatsache, daß Steingeräte außerhalb von Afrika bereits vor mindestens 800 000 oder sogar schon an die 1,5 Millionen Jahren auch in den Steppen- und Waldsteppenzonen Eurasiens auftraten. Deren Klima entsprach mit seinen Temperaturen demjenigen der ostafrikanischen Hochländer und ihrer von Gehölzen durchsetzten Savannen, in denen die Menschen des Oldowan ihre ersten Erfahrungen gesammelt hatten.

Zweifellos ist damit zu rechnen, daß sich die Kultur des Oldowan und ihre Träger schon vor mindestens 800 000 Jahren in Regionen ausbreiteten, die ihren gewohnten Lebensbedingungen entsprachen oder nahe kamen. Es könnte allenfalls angenommen werden, daß sich der Übergang zum Oldowan vor gut 2 Millionen Jahren nicht nur in Afrika, sondern zugleich auch in den Waldsteppen des südlichen Eurasiens vollzogen hat. Diese These läßt sich zur Zeit wegen der Zufälligkeit der erhaltenen und erfaßten Befunde noch immer nicht endgültig ausschließen. Die gegenwärtige Quellenlage spricht jedenfalls für den Beginn des Oldowan im subsaharischen

Afrika im Rahmen eines engräumigen Mosaiks unterschiedlichster Vegetations- und Faunenregionen in vielfältigen Höhen- und Kleinklimastufen.

2. Acheulmenschen der westlichen Alten Welt: Der Weg in die Subarktis – Verstärkung der Arbeitsteilung durch den Ausbau der Jagd

Schon vor etwa 1,5 Millionen Jahren, also vor rund 50 000 Generationen, hat sich in Ostafrika nach Ausweis der dort umfangreichen Funde die Steingerätetechnik deutlich verändert. Neben die Geröll- und Abschlaggeräte tritt nun der in seiner Form klar erkennbare Faustkeil. Er ist ein geradezu geniales Universalgerät: an einem Ende als handlicher Griff abgerundet und am anderen Ende mehr oder weniger spitz verjüngt; dreidimensional gestaltet, so daß Funktion und Stabilität eindeutig konstruktiv gewollt und vereinigt sind. Das kombinatorische Denken hat funktional neue Dimensionen erreicht. Der Faustkeil kann mit Gewalt brechend trennen, führt aber auch kontrolliert große und tiefe Schnitte.

Schon im Oldowan kamen gelegentlich Geröllgeräte mit betont herausgearbeiteter Spitze vor, die wir dort als 0-Serien oder „Proto-Faustkeile" definieren. Im Querschnitt sind sie rhombisch und ihre Kantenwinkel sind ebenso gearbeitet wie die damaligen, einfacheren und beidflächig zugerichteten Geröllgeräte ohne Spitze. Wir haben demnach durchlaufende technische Details, die das Oldowan und Acheulean techno-„genetisch" verbinden.

Vor ebenfalls gut 1,5 Millionen Jahren tritt in Afrika erstmals ein „neuer" Menschentypus auf, der zunächst ganz generell nach einem frühen Fund auf Java (s. S. 42) im vorigen Jahrhundert als „*Homo erectus*" bezeichnet wurde. Er unterscheidet sich im Körperbau kaum vom modernen Menschen. Dagegen wirkt der Schädel trotz größerem Hirnvolumen noch atavistisch mit durchgehenden, schützend wirkenden Überaugenwülsten, schwerem Kiefer und kräftigen Muskelansätzen am flachen Hinterhaupt.

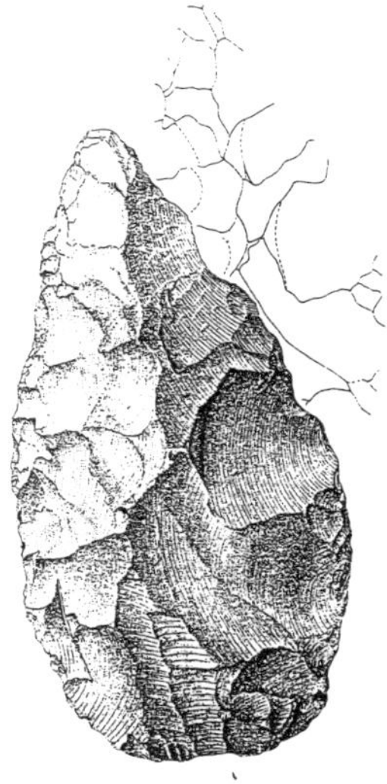

Ausgeformter Faustkeil in gut kontrollierter, entwickelter Gestalt (Westeuropa)

Unterdessen werden der ursprünglich nur aus einer Art bestehenden Menschengruppe *Homo erectus* (der aufrecht gehende Mensch) durch die Anthropologie einige weitere regionale Arten zugeordnet, die zugleich als Basis unterschiedlicher Entwicklungen in Afrika und Eurasien in Anspruch genommen werden. Archäologisch und paläohistorisch ist dies allenfalls zum Teil nachvollziehbar. Denn die Fundkomplexe (Inventare) des Acheulean, in denen Faustkeile oft wenig zahlreich sind oder je nach Zweckbestimmung der Lagerplätze auch einmal ganz fehlen können, bleiben in ihrem erfolgreichen Grundprinzip für fast 1,4 Millionen Jahre praktisch völlig stabil. Nur in wenigen Details verändern sich die Inventare über diese rund 45 000 Generationen: Die Faustkeile werden allmählich flacher und funktional zugleich effektiver. Aus den einfachen diskusförmigen Kernen des Oldowan werden schließlich sorgfältiger vorbereitete „Levallois-Kerne". Dadurch wird eine bessere Umrißkontrolle der geplanten Abschläge möglich. So verringert sich der Aufwand für die Nachformung der Arbeitskanten durch Retuschierungen vor allem bei dünnschneidigen Werkzeugen. Nur für stabile Arbeitskanten an dafür ausgewählten dickeren Abschlägen bleibt der Aufwand für Zurichtung und Nachschärfung durch Retuschen relativ hoch.

Aus der Endphase der durch die stetigen Verbesserungen der Faustkeilformen ausgezeichneten Acheulean-Epoche sind als erste aus organischen Materialien hergestellte Produkte hölzerne Jagdwaffen überliefert. Das bisher älteste Stück ist das Spitzenfragment der Lanze aus Clacton-on-Sea in Südengland, das mit Steingeräten aus zähem Eibenholz gefertigt wurde. Es gehört wohl an die Basis des Hoxnian/Holstein-Komplexes , der als Serie von Waldzeiten dem „Großen Interglazial" der klassischen alpinen Eiszeitgliederung entspricht und vor etwa 200 000 bis 420 000 Jahren anzusetzen ist. Eher in seinem Schlußabschnitt stehen die Speere von Schöningen (s. S. 50). Diese in sich noch nicht klar gegliederte Zeitzone, in dem die Areale von Laub- und Nadelwäldern sowie Taiga und Tundra in Eurasien sich periodisch häufig verschieben, ist eindeutig jünger als der durch die Elster-Kaltzeit (der norddeutschen Gliederung) von ihm getrennte wärmere „Cromer-Komplex", in dem vor rund 800 000 Jahren das Mittelpleistozän begann.

Das Acheulean ist in den Warmphasen des jüngeren Mittelpleistozän bis nach Südengland verbreitet, wo damals auch Flußpferde und Waldelefanten gleichzeitig mit Wildschwein und Reh leben. Der Acheul-Mensch der westlichen Alten Welt wird Zeuge großer Klimaveränderungen, die ihre letzte Ursache in Verschiebungen der Kontinentalplatten haben, durch die sich die Meeresströmungen markant ändern. Die Trennung von antarktischem Kontinent und Südamerika verursacht eine Zirkulation des Meeres, welche die Ausdehnung des schon seit mehr als 30 Millionen Jahren anwachsenden Eises am Südpol verlangsamt. Die Vereinigung von Nord- und Südamerika führt zur Bildung des weit nach Norden reichenden warmen Golfstroms, der die Niederschlags- und Eisdynamik im Nordatlantik stark beeinflußt. Im Gegensatz zu der auf dem antarktischen Festland anwachsenden Eiskappe bildete sich im arktischen Ozean nur eine relativ dünne Eisdecke, die von unten her immer wieder abgeschmolzen wird. Nur dadurch wurde bisher auf unserer Erde eine dauernde Eiszeit verhindert, wie sie auf dem Mars – in größerer Distanz zur Sonne – schon seit noch unbekannten Zeiten herrscht. Bis vor ca. 500000 Jahren blieben die Auswirkungen dieser Abkühlungen begrenzt. Erst danach wurden sie zyklisch markanter.

Noch ist ungewiß, wann die Acheul-Menschen tatsächlich das nordwestliche Eurasien erreicht haben. Es ist wahrscheinlich, daß sie wenigstens Südeuropa und Vorderasien schon relativ früh begingen. Die zum Beweis dieser Annahme notwendigen Funde sind aber bisher spärlich ausgefallen und in der archäologischen Deutung und Datierung daher unklar.

Mit Sicherheit kommen dagegen gut dokumentierte Inventare des Acheulean in der letzten Waldphase des „Cromer-Komplexes" im westlichen Europa nördlich der Alpen vor, die allerdings noch nicht endgültig zwischen 420000 und 620000 Jahren vor unseren Tagen datiert werden kann. In diese Zeit dürfte auch der schon 1908 gefundene Unterkiefer von Mauer bei Heidelberg gehören. In den kühleren Phasen davor und danach ändern sich südlich des Mittelmeeres die Vegetation und damit auch die Tierwelt nur wenig. Aber nördlich der Gebirgsschwelle Eurasiens dehnen sich die Wälder der Taiga und die kühlen Steppen und Tundren von neuem auf Kosten der Laubwaldzonen aus.

Eine ganze Reihe von Tieren mutiert zu neuen Arten, die sich dort halten und ausbreiten können. Dieser Trend verstärkt sich nach 500000 vor heute zeitgleich mit größeren Eisvorstößen. Es handelt sich dabei nicht einfach um eine eher passive „Anpassung". Es müssen vielmehr relativ rasch Eigenschaften konstruktiv entwickelt werden, die dann den Populationen (Arten) die Ausbildung neuer Lebensstrategien ermöglichen. So verändern etwa Elefanten oder Wühlmäuse die Strukturen ihrer Backenzähne zur Verbesserung von deren Widerstandsfähigkeit, um mit den härteren Pflanzen der Steppen fertig zu werden. Aus kleinen Waldbären entwickeln sich große Steppenbären und danach wohl die schwimmgewandten Eisbären der Arktis. Ohne artspezifisch „bewußte" Lernvorgänge und „kulturelle“ Weitergabe von Erfahrungen über Generationen hinweg vollziehen sich solche Entwicklungen nicht. Die neuen Arten etwa der Elefanten, Wühlmäuse und Bären bleiben mit dem größten Teil der zugehörigen Individuen ihren spezifischen Ökosystemen treu und wandern bei Klimaveränderungen mit ihnen: in Mitteleuropa zum Beispiel von Ost nach West oder umgekehrt und auf dem Balkan von Süd nach Nord. Eine kleinere Minderheit macht sich auf den Weg zu neuen Zielen, ungebremst durch die Ökosysteme, die stets offene, überschreitbare Grenzen haben.

Bei den Menschen erfolgt die Ausbildung langfristiger körperlicher Veränderungen im Prinzip zwar ähnlich, aber sehr langsam. Diese betreffen morphologisch die Lauffähigkeit und die leichter werdende Muskulatur sowie – über die Entwicklung des Gehirns – den Schädel. Von Wichtigkeit sind zwei andere Faktoren:

1. Schaffung von adäquaten Techniken für die Nutzung nichttropischer Zonen als Lebensräume.
2. Tradierung der dafür notwendigen kognitiven und psychischen Voraussetzungen an nachfolgende Generationen.

Der erste Faktor läßt sich durch zwei archäologische Quellenkategorien direkt fassen: Die Inventare von Steingeräten und die mit ihnen gefundenen – also zu dem genutzten Ökosystem gehörenden – Tierarten.

Der zweite Faktor ist nur indirekt über den ersten abzuschätzen, hat aber gewiß mit zur regionalen Differenzierung der späteren Verhaltensweisen beigetragen, denen wir schließlich am Ende der Steinzeit gegenüberstehen.

Die in tropischen Regionen Afrikas seit 50 000 Generationen (multipliziert mit 30 ergeben sich 1,5 Millionen Jahre) lebenden Acheul-Menschen sind spätestens vor 20 000 Generationen in Zonen kälterer kontinentaler nördlicher Winter vorgedrungen. Dort wurde die Herstellung schützender stabilerer Kleidungen und Behausungen für die Erhaltung des gewohnten „Wohlbefindens“ und zur Vermeidung von unwirtschaftlichen Wärmeverlusten notwendig. Offensichtlich war diese Ausstattung in der Zeit des *Homo heidelbergensis* bereits soweit verfügbar, daß das damals zwar insgesamt noch mild ozeanische Nordwesteuropa, mit aber schon kühlen kontinentalen Wintern, Teil der menschlichen Ökumene werden konnte. Die vermehrte Nutzung des Feuers hat dabei gewiß schon eine Rolle gespielt, auch wenn sie sich nur undeutlich fassen läßt.

Dagegen spricht wegen des Fehlens von bestätigenden Funden einiges dafür, daß die Menschen in der folgenden Kaltzeit nach 500 000 Jahren vor heute die immer unwirtlicher werdenden Steppenzonen des nördlicheren Europa noch einmal räumen mußten.

In der folgenden Warmphase, dem „großen" Interglazial (Holsteinian), das etwa vor 400 000 Jahren begonnen haben dürfte, treten wieder Acheulmenschen nördlich der europäischen Alpen und auch der asiatischen Gebirge auf. Die Grundproduktion der Steinabschläge wird durch die weiter verbesserten Präparationsverfahren der „Levallois-Technik" bei Bedarf weiter rationalisiert. Der Anteil sorgfältig geformter Schnittkanten an den Abschlägen nimmt zu. Dies vor allem wohl dort, wo genauere Verfahren für die Herstellung winddichter und kälteabweisender Kleidung notwendig waren.

Es gibt auch andere Fundstellen, wie etwa die seit Jahrzehnten von Dietrich Mania ergrabene Station Bilzingsleben in Thüringen aus dem späten Mittelpleistozän, die wärmere sommerliche Bedingungen dokumentieren. Weltweit ist dies bisher die größte Grabung aus dieser Zeitphase. Die Spuren des Lagers liegen am Ufer eines Gewässers unter einer stabilen Travertinschicht. Die Steingeräte wirken eher unscheinbar. Intensiv zugerichtete Werkzeuge sind selten. Kleine, nur durch Gebrauch gekerbte Formen überwiegen. Sie könnten bei Faserverarbeitung von Geflechten eingesetzt worden sein. Die klassischen Faustkeile fehlen nahezu völlig und sind am ehesten funktional durch mehr oder weniger intensiv zugerichtete Knochengeräte ersetzt worden. Außer Resten von Beutetieren vom Waldelefanten bis zum Wels fanden sich in Bilzingsleben neben diesem speziellen Steingerätebestand auch gröbere Knochenwerkzeuge und Fragmente von Geweihteilen, darunter einfachste Geweihhacken, nur Spuren von Hölzern, aber auch von Feuerstellen, Arbeitsplätzen und offensichtlichen Wohnbereichen. Wichtig sind zahlreiche Pflanzenreste, die erlauben, eine von Grasflächen durchzogene Waldvegetation nachzuweisen, welche etwa Parallelen im heutigen Südosteuropa hat und am ehesten auf 300 000 bis 400 000 Jahre zu datieren ist. Die zugehörigen verstreuten Menschenreste bezeugen eine späte Variante des *Homo erectus*, die vor 15 000 bis 10 000 Generationen lebte.

In einen späteren Abschnitt gehört der Pferdejagdplatz von Schöningen bei Helmstedt (s. S. 46) mit seinen ballistisch so eindrucksvollen Fichtenholzspeeren aus einer kühleren Waldsteppenzeit mit besser ausgeformten Steingeräten.

Bald darauf – im engeren Übergang vom Holstein-Komplex zur Wiedervorstoßphase des Saaleeises nach 200 000 v. h. – kommen nördlich des Harzes oft eher verstreut Faustkeile des späten Acheulean und Abschlaggeräte an Schlagplätzen in größeren Serien vor. Bisweilen sind diese Fundkomplexe erstmals mit Resten subarktischer Mammute und Rens verbunden. Die Menschen leben hier zumindest saisonal auch in Regionen mit sehr harten Klimabedingungen. Wie weit sie bei andauernden Kälteperioden ganz am Ende des Mittelpleistozäns wieder nach Süden zurückweichen, bleibt unklar.

Die von H. de Lumley in Nizza ausgegrabene Grotte du Lazaret enthielt einen Fundhorizont, der in eine kältere Phase ganz am Ende der Riß-Eiszeit vor etwa 140 000 Jahren gehört. Darin fand sich ein Lagerplatz mit intensiven Feuerspuren und einer in ihrer Form allerdings unsicheren zeltartigen Verbauung. Mit dieser waren sorgfältig retuschierte und intensiv nachgeschärfte steinerne Abschlaggeräte verbunden, jedoch kein einziger Faustkeil. Solche fanden sich dafür im gleichen Horizont im Bereich des Höhleneinganges, wo sie offenbar bei gröberen Arbeiten, etwa dem Zurichten schwerer Häute, benutzt wurden. Im geschützteren, beheizten und sicher auch beleuchteten Höhleninneren wurden dagegen bei kühler Witterung Feinarbeiten erledigt. Damit läßt sich schon für das Ende des Mittelpleistozäns die Nutzung des Feuers nicht nur zum Rösten und Wärmen, sondern auch für Beleuchtungszwecke erkennen. Daß damit an Feuerstellen und in künstlich erhellten Räumen sicher sozial wichtige Kontaktbereiche direkt nachweisbar werden, öffnet neue paläohistorische Perspektiven.

Im subsaharischen Afrika und in Vorderasien läßt sich ebenfalls eine graduelle mittelpleistozäne Verbesserung der Funktionalität von Steingeräten beobachten. Die Faustkeile werden in größerer Anzahl mit linsenförmigem Querschnitt flacher und damit für besser kontrollierte Arbeiten geeigneter. Daneben kommen aber auch gröbere „atavistische“ Varianten vor. Es gilt also schon hier die archäologische Regel: die entwickeltsten Formen erlauben die Datierung ausreichend großer, in sich „geschlossener“ Inventare. Voraussetzung dafür ist, daß eine zeitliche Abfolge der Veränderungen nachweisbar ist, wie dies bei den Faustkeilen zutrifft.

Fassen wir zusammen: Die lange Zeit der Acheul-Kulturen beginnt vor 1,5 Millionen Jahren im subsaharischen Afrika. Am Ende des Mittelpleistozäns vor 130 000 Jahren (vor nur noch gut 4 000 Generationen) sind sie in ganz Westasien südlich der Gebirge einschließlich Indiens präsent. In West- und Mitteleuropa besetzen sie erstmals zumindest zeitweilig die weit nach Süden vorgedrungene Mammutsteppe mit subarktischem Klima.

Ein Lebensbild aus der Zeit des *Homo heidelbergensis*:

„Vorsichtig nähern sich die beiden Jäger – Vater und Sohn – mit ihren Eibenholzlanzen und -speeren dem unter dem Steilufer in der warmen Abendsonne dösenden jungen Flußpferdbullen. Der fühlt sich sicher, denn sogar mit jedem angreifenden Löwen würde er im Wasser leicht fertig. Da treffen ihn plötzlich zwei rasche gleichzeitige Würfe von schlanken Speeren: einer ins linke Auge, der andere links hinter die Rippen. Das schon fast ausgewachsene Tier brüllt auf, die Speere splittern. Der Blutverlust ist sofort groß, und das Tier versucht zunächst, flußabwärts stark schweißend zu entkommen. Die beiden Jäger folgen ihm und töten mit einem letzten Lanzen-

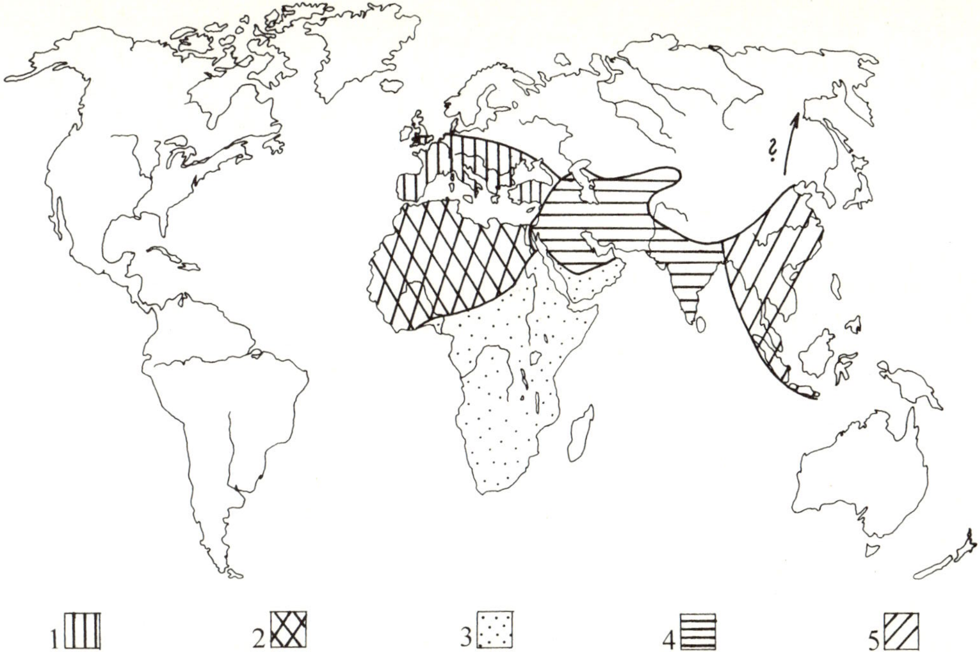

Karte 1: Die Welt des späten Acheulean und des frühen Fenhoian vor 200 000 Jahren
1 Europäisches Steppen-Acheulean, 2 Nordafrikanisches Waldsteppen-Acheulean, 3 Subsaharisches Wald- und Steppen-Acheulean, 4 Vorder- und Westasiatische Faustkeilkulturen, 5 Ostasiatische Fenhoian-Inventare – möglicher frühester Vorstoß nach Beringia

stoß ins Herz das völlig ermattete, sterbende Tier. Das bedeutet für sie mehr Fleisch, als ihre ganze Gruppe in den nächsten warmen Tagen verzehren kann. Um möglichst viel davon zu profitieren, wird das nur einen kurzen Sonnenweg entfernte Lager zum Beuteplatz hin verlegt."

3. Der Sonderweg Ostasiens: Choukoutien und Dingcun – der andere Weg in die Subarktis

Wie wir oben gesehen haben (s. S. 43), sind die ersten menschlichen Spuren in Ostasien noch nicht sicher faßbar. Der bisher älteste Hinweis ist der Fund des *Homo erectus modjokertensis* in Verbindung mit der Djetis-Fauna, dem einige Autoren Ähnlichkeiten mit dem *Australopithecus* zubilligen. Er könnte bis in die Zeit von 1,4 Millionen Jahren zurückreichen. Auch hierzu fehlen bisher sichere Funde von Artefakten.

Ganz eindeutig sind dagegen die Artefakte in den Höhlensedimenten von Choukoutien in der Nähe von Peking. Sie werden freilich sehr unterschiedlich datiert: In einer kurzen, faunistisch begründeten Chronologie stehen sie erst im „großen Interglazial" vor maximal 400 000 Jahren; in einer langen, auf stark streuenden physikalischen Datierungsmethoden beruhenden Chronologie aber schon vor mehr als 500 000 Jahren, was sich dem Cromer-Komplex Europas annähern würde. Der Artefaktcharakter der Kerne und Abschläge zusammen mit Feuerspuren ist unbestreitbar, ebenso der Zusammenhang mit Resten von Menschen der *Homo erectus*-Gruppe. Bifazielle (beidflächige), dreidimensional ausgeformte Geräte fehlen fast ganz. Dies könnte möglicherweise, wie in Bilzingsleben oder der Grotte du Lazaret, an der Art der spezifischen Arbeitsaktivitäten liegen.

Ganz anders verhält es sich bei den Industrien von Geröllgeräten mit einfachen Kernabbautechniken im chinesischen Dingcun am Fenho in den dortigen Lößabfolgen mit vielen Fundpunkten auf relativ engem Raum. Hier treten in oft sauber getrennten Horizonten große Serien von Artefakten und gut erhaltenen Beutefaunen auf. Leider sind die Zehntausende von Artefakten bisher nur in sehr geringer Auswahl publiziert. Zeitlich bewegen sie sich um die Grenze vom Mittel- zum Jungpleistozän. In den riesigen Serien fehlen alle für das Acheul so typischen Faustkeile. Es treten zwar pickenartige Geräte auf, aber diese sind relativ grob. Sie können allenfalls als spitze „chopping tools" (beidflächig retuschierte Hauen) definiert werden. Dafür kommen allerdings als „positive Befunde" mit großen und gut gezielten Schlägen dreidimensional ausgeformte Werkzeuge vor, die offensichtlich funktional die Faustkeile des Westens ersetzen. Es spricht vieles dafür, daß damals schon eine völlig selbständige und grundsätzlich auf eigene Traditionen aufbauende ausgedehnte Kulturprovinz hinter dem großen zentralasiatischen Gebirgsbogen und den südlich davor liegenden Wäldern der Monsunzone entstanden war.

Das dürfte bedeuten, daß Menschen schon vor der Entwicklung des Faustkeils in Afrika in Ostasien lebten und diesen später nicht übernahmen, weil sie in ihren meist tropischen und subtropischen Waldzonen auf ihn nicht angewiesen waren.

Ob noch ältere ostasiatische Wurzeln für die Eigenständigkeit der dortigen frühen Kulturentwicklung in Anspruch genommen werden können, ist wegen der, gegenüber Afrika, schlechten frühen Quellenlage offen. Für unseren Bericht haben nur archäologische Argumente zu gelten, und diese lassen erst für die letzten maximal 500 000 Jahre jene Sonderentwicklung Ostasiens gegenüber dem Westen erkennen. Würde die frühe Kulturentwicklung nicht nur im subsaharischen Afrika, sondern gleichzeitig auch in den südasiatischen Tropen erfolgt sein, wäre zu erwarten, daß die dortigen Steingeräte ebenfalls dem afrikanischen Oldowan entsprächen oder sogar mit ihnen prinzipiell übereinstimmten. Das spätere paläohistorisch faßbare Ergebnis bliebe sich gleich und stünde mit den schon vorhandenen Quellen im Einklang. Nur wäre Ostasien dann schon früher Teil der menschlichen Ökumene.

Fundkomplexe mit Geröllgeräten, die dem „Fenhoian“ von Dingcun stark ähneln, sind ebenfalls aus den späten mittelpleistozänen Lößen Zentralasiens und möglicherweise auch, aber noch nicht sicher datiert, aus Südsibirien bekannt. Durch klare Zuordnung zu den Fundschichten gut gesichert sind Stationen im südlichen Tadschikistan, die mindestens 250000 Jahre alt sind und damit etwa den tieferen Horizonten in Dingcun zeitlich entsprechen würden, denen sie auch morphologisch nahe stehen.

Während bisher offen bleiben muß, in welchen klimatischen Kontext die spätmittelpleistozänen zentralasiatischen Funde tatsächlich gehören, ist dies im chinesischen Dingcun am Fenho klar. Die dort etwa vor 250000 Jahren beginnende Abfolge ist unter anderem mit Elefantenfunden verbunden. Einige dieser Funde stammen von einer Gattung, die dem heutigen indischen Südelefanten entspricht. Reste von Steppenelefanten, aber auch von echten Mammuten, dokumentieren andererseits wechselnde südliche und nördliche Faunenprovinzen. Die Dingcun-Stationen am Fenho liegen 500 km südwestlich von Peking, das heute – also in einer Warmzeit! – sehr kalte kontinentale Winter kennt. Es bestand also auch hier der Zwang, wie in Mitteleuropa, sich noch vor Ende des Mittelpleistozäns an kältere Klimate zu gewöhnen und durch Entwicklung verbesserter Techniken, speziell bei der Kleiderherstellung, und neuer Nutzungsstrategien komfortabel zu leben. Dasselbe gilt für Zentralasien und wohl auch für Südsibirien. Wenn schon die Grenze des menschlichen Siedlungsraums (Ökumene) in den kältesten Abschnitten der späten vorletzten Eiszeit vor etwa 140000 Jahren wieder zurückgenommen werden mußte, so bestand doch nach wie vor in den jeweiligen Grenzzonen zur Subarktis die Möglichkeit, sich kontinuierlich mit den Schwierigkeiten kälterer Klimazonen auseinanderzusetzen. Somit war der Weg weiter hinaus in die subarktischen und arktischen Zonen für kommende Generationen in ganz Eurasien gebahnt.

Ob die ersten Menschen bei Absinken des Meeresspiegels, der durch Bindung des Wassers in Eis verursacht wurde, die auftauchende Beringlandbrücke zwischen Asien und Amerika vor mehr als 140 000 Jahren überquerten, wissen wir nicht.

Zusammenfassend festzuhalten bleibt: Oldowan-Menschen sind als Steinschläger im Early Stone Age Afrikas seit mehr als 2 Millionen Jahren nachweisbar. Offen ist, ob sich ihr Ursprungsgebiet auch als geschlossene Ökumene bis in das südliche Eurasien erstreckte oder ob sie dort erst einwanderten. In Afrika wird die Oldowan-Tradition vor 1,5 Millionen Jahren durch die ersten Faustkeilindustrien des Acheulean abgelöst, die sich im Westen der Alten Welt unter ständiger Verbesserung ihrer Steinschlagtechniken ausbreiten, bis sie vor 140 000 Jahren das damals subarktische Mitteleuropa erreichten. In Zentral- und Ostasien wird zeitlich parallel zum Acheulean eine eigene Tradition der Steinbearbeitung, das Fenhoian, entwickelt, das ebenfalls zumindest in Zentralasien und Nordchina in subarktische Zonen vorstößt. In der ganzen Alten Welt hatten zugleich die Menschen am Ende des Mittelpleistozäns vor 130 000 Jahren die gesamten gemäßigten Zonen saisonaler Winter mit Hilfe der dafür notwendigen technischen Entwicklungen zum Teil ihrer „ersten Welt" gemacht.

IV. Middle Stone Age in Afrika und Mittelpaläolithikum in Eurasien

Die zweite Phase (200 000 bis 40 000 vor heute)

1. Übergang oder eigenständige Phase?

Die ursprüngliche einfache Gliederung der „Periode des geschlagenen Steins" in einen älteren und einen jüngeren Abschnitt durch G. de Mortillet, (s. S. 28) wurde sowohl in Europa als auch in Afrika durch den Einschub einer Phase des „Mittelpaläolithikums" (F. Bordes) in Europa und eines etwa entsprechenden „Middle Stone Age" (L. S. B. Leakey) in Afrika zusätzlich aufgespalten. In Europa wurde die von Mortillet bestimmte Grenze zum „Jungpaläolithikum" weitgehend beibehalten, so daß praktisch das Altpaläolithikum in einen unteren und einen oberen Abschnitt getrennt wurde. F. Bordes hat dabei als Trennlinie und unabhängigen Maßstab den Beginn des Jungpleistozäns gewählt. Dieser war durch den Anfang der Bodenbildung auf den mittelpleistozänen Riß-Lößen in Nordfrankreich eindeutig markiert.

In unserer heutigen Chronologie entspricht diese Bodenbildung der in Europa mit ihrer Vegetationsgeschichte in Hunderten von Pollenprofilen, d.h. anhand der Analyse des Blütenstaubs aus den Schichtenfolgen, nachgewiesenen Eem-Waldperiode. Mit dieser wird die Abfolge von Wäldern zwischen 130 000–115 000 vor heute bezeichnet. Ihr Anfang wird wiederum mit dem Beginn der Sauerstoffisotopenzone 5 vor rund 130 000 Jahren gleichgesetzt. In Afrika war eine derart scharfe Grenzziehung bisher nicht möglich, so daß hier tatsächlich das „Middle Stone Age" schon länger als „Zwischenzeit" aufgefaßt wurde. Deren obere und untere chronologische Grenze ist für Afrika daher auch weniger scharf fixiert. Das gilt allerdings unterdessen auch für Eurasien, zumindest für den Beginn des Mittelpaläolithikums, den einige Autoren bis auf 300 000 Jahre vor heute zurückschieben wollen.

Betrachten wir als Grundlagen der paläohistorischen Rekonstruktionen und Interpretationen zunächst die Archäologie der hier zu behandelnden Zeitspanne. Wir wollen sie auf den Zeitraum von 200000 bis 40000 Jahren vor heute begrenzen.

2. Die Entfaltung des Middle Stone Age im subsaharischen Afrika

Wir beginnen mit Afrika südlich der Sahara, wo auf jeden Fall auch nach der gegenwärtig vorherrschenden Gesamttheorie der Paläoanthropologie mit einem Kontinuum, also einer ununterbrochenen Folge menschlicher Populationen, zu rechnen ist. Diese Populationen optimieren ihre Techniken und schaffen zugleich mit wechselnden Traditionen veränderte „materielle Ausstattungen" ihrer Kulturen. Im Sinne von Herbert Spencer gibt es auch einen „Fortschritt" bei der Entwicklung der Techniken zur Nutzung der Ökosysteme. Die Ergebnisse können aber durchaus auch negativ sein und sind daher keineswegs „wertfrei".

Typisch für das ältere Middle Stone Age, etwa in Ostafrika, ist die wichtige, vor etwa 200000 Jahren beginnende und lange belegte Fundabfolge oberhalb der 250 m hohen Wasserfälle von Kalambo über dem Turkanasee, die in ihren Anfängen noch dem späten Acheulean zugeordnet werden könnte. Dort fanden sich auch erhaltene Holzgeräte, darunter eine knapp 40 cm lange einfache, aber sehr brauchbar wirkende Keule mit ovalem Kopf sowie Schalen von gesammelten nährstoffreichen Nüssen. Ähnlich, wenn auch wohl um Jahrzehntausende später, sind Inventare auf dem ostafrikanischen Hochland am abflußlosen Eyasisee, dort mit einer spätmittelpleistozänen, 180000–140000 Jahre alten Fauna und atavistisch wirkenden Menschenresten verbunden. Diese Inventare zeigen ebenfalls noch relativ grobe Formen, zum Beispiel schwere Faustkeile und faustkeilartige querschneidige Spalter (Cleaver), wie sie auch schon für das subsaharische Acheulean charakteristisch sind. Daneben wird die Technik der Grundproduktion weiter verfeinert, beruht aber noch immer auf der „Levallois-Technik" mit ihren Varianten. Es treten neben den einfachen, meist nicht sehr intensiv retuschierten Abschlaggeräten auch erste flachere, blattförmige und dreidimensional sorgfältig ausgeformte Steinartefakte auf. Sie wurden als feiner schneidende Messer und funktional verbesserte kantenscharfe Waffenspitzen in Lanzen und Speeren eingesetzt.

Eine sehr lange Sequenz des Middle Stone Age und des darüberfolgenden Late Stone Age wurde in den südafrikanischen Küstenhöhlen am Klasies River ergraben. Die an Meeresmuscheln aus den archäologischen Schichten (Straten) gewonnenen Daten von Sauerstoffisotopen ließen sich mit denen aus Tiefseebohrkernen vergleichen, so daß auf dieser Basis ein Beginn der Abfolge am Anfang des Jungpleistozäns vor etwa 120000 Jahren bestimmt wurde. Allerdings muß man hier mit relativ großen Standardabweichungen rechnen. Das Inventar von Artefakten enthält neben einfachen Abschlaggeräten sorgfältig zugerichtete, aber breite Rückenmesser, blattförmige Messer und Spitzen sowie gut gefertigte Klingen. Diese Klingen sind relativ breit und werden aus Kernen mit flachen Erstabschlägen gefertigt, die für frühe serielle Klingenproduktionen typisch sind und als Teil der verbesserten Levallois-Technik gelten. Die gleichzeitigen Jagdfaunen sind sehr reich und umfassen auch große Tiere wie Büffel und Elenantilopen neben einer ganzen Reihe von kleineren Arten, für die sicher jeweils angemessene Jagdtechniken entwickelt worden waren.

Die im Zusammenhang mit Inventaren von Artefakten des Middle Stone Age gefundenen Menschenreste, alle von Zeitgenossen des eurasischen Neandertalers, zeigen an ihren Schädeln zum Teil gröbere Merkmale, zum Teil aber schon auffallende Verfeinerungen. Diese Beobachtung lieferte die Grundlagen zur „Eva-Theorie" durch Abschätzung der Geschwindigkeit genetischer Veränderungen und der damit verflossenen Zeit, nach der sich die neue Unterart des *Homo sapiens*, der *Homo sapiens sapiens*, der auch wir zugerechnet werden, in Afrika entwickelt habe und von dort nach Eurasien gewandert sei. Ein bestechend einfaches, aber doch nicht unbedingt tragfähiges Modell, wie wir noch sehen werden (s. S. 69 u. 134).

Die erwähnte Klingenindustrie des Levallois und die Blattspitzenvarianten der verschiedensten regionalen Traditionen kennzeichnen das gesamte jüngere Middle Stone Age im subsaharischen Afrika.

Auch in Nordafrika folgen auf späte Faustkeilkomplexe die Abschlagindustrien, die den südeuropäischen und vorderasiatischen sehr ähneln und sogar schon die ersten Formen von Blattspitzen der späteren und nach einer nordafrikanischen Fundstelle benannten Aterian-Tradition beinhalten. Ihre Träger sammelten und jagten in dem damals, dank der nach Süden gedrückten Regenzone des Westwinds, weit breiteren und feuchteren Steppengürtel des Sahel.

3. Die Zone der Neandertaler und ihrer Zeitgenossen in Eurasien – Die ersten Bestattungsrituale

Auch in Europa setzen sich verfeinerte Faustkeilindustrien über die Grenze vom Mittel- zum Jungpleistozän zwischen 200000 und 60000 Jahren vor heute fort. In ihrem Rahmen kommen gut ausretuschierte Abschlaggeräte von „Mousterian"-Charakter vor, die auch ohne Faustkeile auftreten können. Die alten Gliederungsvorschläge werden dadurch relativiert. Aber insgesamt nimmt die Häufigkeit der Faustkeile doch in einer unregelmäßigen Kurve ab. Die längste Sequenz dieser sich ablösenden, aber miteinander verzahnten Gattungen des Mousterian mit oder ohne Acheulean-Charakter findet sich in der von F. Bordes über viele Jahre hinweg ausgegrabenen südfranzösischen Höhle von Combe Grenal. Rentiere sind unter den Beuteresten nicht selten. Dies paßt gut zu der kühlen Isotopenzone 4 zwischen 70000 und 60000 Jahren vor heute. Somit haben in Südfrankreich Menschen – wohl am ehesten Neandertaler – unter zeitweise saisonal subarktischen Klimabedingungen, welche das Rentier anzeigt, gejagt. Für die Forschung am Beginn des 20. Jahrhunderts war schon klar gewesen, daß es ein „kaltes Mousterian" gab. Die Zahl mittelpaläolithischer Höhlenfundplätze in Westeuropa geht in die Hunderte. Neben den Resten von zahlreichen kleineren Haushalts- und größeren „Kommunal"-Feuerstellen finden sich beachtliche Mengen von Beutetierresten, die freilich nicht alle auf menschliche Aktivitäten zurückgehen müssen. Denn auch zahlreiche eiszeitliche Tiere, von Hyänen und Bären bis zu Füchsen und Eulen, ziehen sich häufig in Schutz bietende Höhlen zurück. Neben den oft vielfältigen Steingeräten tauchen nur selten einfachste Knochenwerkzeuge auf, die meist allenfalls Gebrauchsspuren, aber kaum stärkere Zurichtungen erkennen lassen. Dies gilt auch für einige einfache Anhänger aus Zähnen, bei denen bisweilen ungewiß ist, ob sie wirklich in die Mousterianschichten gehören oder erst nachträglich in sie abrutschten. Eindeutig sind dagegen die ersten im Mousterian vorkommenden Bestattungen, oft in lockerer seitlicher Schlafstellung wie im südfranzösischen La Ferrasie mit über zehn Toten. Sie sind allein schon wegen ihrer Häufung als Anzeichen von ersten nachvollziehbaren Auseinandersetzungen mit dem Tod der Menschen zu betrachten. Welche Rituale damit verbunden waren, ist völlig offen. Andererseits kommen auch Vermischungen von zertrümmerten Tier- und Menschenknochen vor, so zum Beispiel in der Grotte de l'Hortus mit mindestens zwanzig älteren Individuen. Es könnte sich um rituelle Teilbestattungen eigener Gruppenmitglieder handeln, wie wir sie ähnlich bei historischen Jägergruppen häufig finden. Nicht auszuschließen ist aber auch die ritualisierte Menschenjagd bei Nachbargruppen, wie sie bei historischen Pflanzern vorkommt. Ein einfacher, früher oft vermuteter, nur auf menschliche Fleischnahrung ausgerichteter „Kannibalismus" ist dagegen nach neu erhobenen Befunden eher unwahrscheinlich. Zu diesen gehören das meist deutliche Vorherrschen von Schädelresten und ihre Verbindung mit ausgewählten Tieren, wie etwa jungen Wildziegen in der Grotte de l'Hortus. Mittelpaläolithische Freilandstationen sind in Westeuropa eher selten.

In Mittel- und Osteuropa bis nach Südsibirien nimmt dagegen die Zahl der Fundstellen im Freiland deutlich zu, außerdem gibt es in den Mittelgebirgs- und Alpenzonen bis in über 2000 m Höhe auch zahlreiche Höhleninventare. Selbst die mit Mammutfaunen verbundenen späten mittelpleistozänen Acheulinventare nördlich der deutschen Mittelgebirge sind bereits an die Basis eines vor 200000 Jahren beginnenden weiter gefaßten Mittelpaläolithikums zu stellen. Eindeutig wird dagegen das Alter des Waldelefanten von Lehringen bei Braunschweig durch eine längere Pollensequenz als eemzeitlich bestimmt. Seine Lebenszeit läßt sich annähernd genau einordnen in die feucht kühle Hainbuchenphase nach dem gut gedeihenden Eichenmischwald während der rund 15000 Jahre umfassenden und etwa 130000 Jahre vor heute beginnenden Epoche der Eemwälder (s. S. 57). Der Elefant war mit einer Lanze aus Eibenholz erlegt worden, die neben ihm gefunden wurde. Ein zu einem Kern umgewandelter ehemaliger Faustkeil und mehrere kaum retuschierte, aber nach ihren Gebrauchsspuren funktionstüchtige einfache Abschläge lagen neben dem Schädel. Mit diesen dürften wenigstens noch Teile des Elefanten herausgeschnitten worden sein, als er nach seiner Verwundung in einem flachen See mit weichem Mergelgrund offensichtlich Schutz und Erleichterung suchte und dort versank. Dadurch blieb er bis zum Abbau des Mergels um 1950 samt Lanze vollständig erhalten. Dies ist sicher ein hervorragendes paläohistorisches Dokument, das als Beleg für ein Geschehen in seiner Direktheit und Zuverlässigkeit jeden schriftlichen Bericht übertrifft. Um 1990 wurde im Tagebau Gröbern in Ostdeutschland am Ufer eines ebenfalls eemzeitlichen größeren Sees, an dem D. Mania zahlreiche, oft mit der Jagd verbundene Tierfunde machen konnte, wiederum ein fast vollständiges Skelett eines Waldelefanten gefunden, das ebenfalls nur mit einem kleinen Ensemble einfacher Abschlaggeräte verbunden war. Der hier am Ufer frei zugängliche Kadaver war als Lieferant von Rohmaterial, vor allem Haut und Sehnen, zerlegt worden.

Andere sichere Funde aus warmen Waldzeitphasen sind selten, da in diesen zerstörende Erosion und verwitternde Bodenbildung vorherrschen. Sie können dagegen mit Quellkalkbildungen verknüpft sein, die unter warmen Bedingungen entstehen, wie etwa an der Ilm bei Weimar mit Stationen wie Taubach oder Ehringsdorf. Der alte und hauptsächliche Fundhorizont von Ehringsdorf mit einem reichen Inventar von Steingeräten, zu dem auch blattförmige Spitzen und Messer sowie kleine Faustkeile gehören, dürfte spätestens in das Eem (s. S. 57) gehören. Aus dem gleichen Horizont stammen Reste morphologisch eindeutiger Neandertaler. Neuere Datierungen durch Messungen der internen Strahlungsschäden von Sedimenten, die Reste von Waldelefanten, Waldsteppennashörnern und anderer Tiere der warmzeitlichen Fauna enthalten, ergeben für diese Funde ein noch problematisches höheres Alter am Ende des Mittelpleistozän vor etwa 200 000 Jahren.

Der östlichste eemzeitliche Waldelefant ist aus der Gegend von Warschau bekannt. Die jüngsten und letzten Vertreter dieser Art kommen mit der beginnenden Abkühlung nach dem Eem in Südfrankreich vor. Die Waldelefanten sind offenbar die ersten Großtiere, für deren Verschwinden in Europa die Bejagung durch den Menschen eine Hauptursache war. Sie gehörten zu einer nie besonders zahlreichen Art, die nun unter dem bisher kaum kritischen Konkurrenzdruck anderer Tiere und auch unter der Belastung abnehmender Temperaturen und des damit verbundenen Arealverlustes durch Vegetationsverarmung stand. Eine intensive Bejagung durch Menschen, vor allem auf jüngere unerfahrene Tiere, mußte den Vorgang des Aussterbens beschleunigen.

In der Vogelherdhöhle auf der schwäbischen Alb, in der 1931 durch Gustav Riek drei Sedimentzyklen (ein mittel- und zwei jungpaläolithische) ergraben wurden, fand sich im untersten Horizont der Milchzahn eines jungen Waldelefanten, die letzte Spur dieser Art in Süddeutschland. Im nächsthöheren Horizont lagen kleine Faustkeile und „Faustkeilschaber“ (stark asymmetrische Faustkeilvarianten mit einer betonten Schneide und ihr gegenüberliegendem ausgeprägtem Rücken) mit Knochen von Pferd, Wolf und dem durchaus auch bejagten Höhlenbären. Die beiden oberen mittelpaläolithischen

Horizonte zeigen einfache Mousterian-Inventare mit Abschlaggeräten und frühen, noch sehr seltenen Knochenspitzen mit einer Mischfauna aus Tieren der kalten Tundrensteppe (Mammut, Wollnashorn, Rentier) und kältesten Waldformen (Hirsch); die für wärmere Waldphasen typischen Rehe und Wildschweine fehlen.

Allein in Süddeutschland gibt es rund neunzig mittelpaläolithische Fundstellen, meist Höhlen, darunter aber auch die Freilandfundstelle Speckberg bei Ingolstadt mit über 300 000 Steinartefakten aus verschiedenen Zeiten, von denen über 100 000 mittelpaläolithisch sind. Die Zahl der Fundstellen in Norddeutschland, die man beobachtet, nimmt ständig zu, wobei Freilandfundstellen bei weitem überwiegen. Zu diesen gehört auch die Station Salzgitter-Lebenstedt unweit von Braunschweig, in der ein Schädelfragment eines Neandertalers gemeinsam mit späten Faustkeilformen, blattförmigen Geräten und einfacheren Abschlagformen, einschließlich breiter Rückenmesser, gefunden wurde. Dazu kommen eine kleine kurze kegelförmige Lanzenspitze mit verdünnter Basis aus (Elch?)Geweih und große zugespitzte Lanzen oder Grabstöcke aus Rippen. Die Fauna enthält nur noch Tiere aus kalten Klimaten wie Mammut und Ren, aber keine Hirsche mehr. Die gut erhaltenen Pflanzenreste dokumentieren eindeutig eine Strauchtundra aus einer frühen kalten Phase des Jungpleistozäns um 80 000 bis 60 000 vor heute. Ähnliche und etwa zeitgleiche Inventare, mit immer stärker differenzierten Geräten der Gattungen Faustkeil und Keilschaber, finden sich auch nördlich der Mittelgebirge bis nach Südpolen sowie in den kalten Steppen Rußlands bis nach Wolgograd. Dort treten sie gemeinsam mit Bison, Mammut, Pferd und Saiga auf. Das Ren tritt hinter dem Hirsch oft auch stark zurück.

Auf dem Balkan ist damals in den feuchten Niederungen häufig der Elch die dominierende Großtierart. Aber in ganz Südeuropa zeigen die Inventare von Artefakten ähnliche Entwicklungen wie im Norden: ein Abnehmen der Faustkeile und die partiell verstärkte Entwicklung gut gearbeiteter blattförmiger Geräte und Geräteteile. Neben Einzelfunden, überwiegend isolierten Schädeln, kommt auf dem Balkan in Krapina auch wieder eine schon früh beobachtete Fundstelle mit stark zerschlagenen Menschenresten vor, die prinzipiell die gleichen Probleme aufwirft, die uns schon in Südfrankreich begegnet sind (s. S. 61).

Das jüngere Mittelpaläolithikum im mittleren und östlichen Europa zeigt ähnliche Inventare, in denen aber die Faustkeile fast ganz fehlen und durch blattförmige Messer ersetzt werden. Dazu kommen regional in der Form variierende blattförmige Geschoßspitzen. In Kostjenki am unteren Don etwa gibt es breite, kurze dreieckige Spitzen mit verdünnten, leicht asymmetrischen Basen, die in ihrer Konstruktion der oben erwähnten Geweihspitze von Salzgitter-Lebenstedt nahestehen. In den rumänischen Lößgebieten erscheinen vielschichtige Abfolgen derartiger Stationen. Knapp östlich davon, in Molodova, Schicht V, wurde die erste aus Mammutknochen im Freiland gebaute Rundhütte aus einem mittelpaläolithischen Fundhorizont ergraben.

Auch in den Höhlen auf der Krim, im Kaukasus, im Altai und in den Gebirgszonen Südsibiriens enthalten die unteren mittelpaläolithischen Inventare noch viele Merkmale des Acheulean, die oberen dagegen ebenfalls zunehmend Blattformen als Messer und Geschoßspitzen. In Zentralasien und der Mongolei liegen wiederum einfache mittelpaläolithische Inventare von Abschlägen vor, die auch auf der entwickelten Levallois-Technik als Grundproduktion aufbauen. Die steinernen Blattformen fehlen weitgehend. Sie mögen bei Verfügbarkeit härterer Hölzer für Waffen entbehrlich gewesen sein.

In Vorderasien und Südindien ist die Abfolge ähnlich. Auch hier fehlen wieder die Blattformen. In Vorderasien treten aber Industrien auf, die neben gut entwickelten Klingen verschiedene, andernorts erst jungpaläolithische Elemente enthalten, wie etwa das Präaurignacian von A. Rust aus Jabrud in Syrien. Leider sind hierzu die Datierungen noch nicht klar genug, um entscheiden zu können, ob es sich um sehr frühe Ausprägungen der jungpaläolithischen Entwicklung handelt oder eher um ein Andauern der mittelpaläolithischen Techniken in relativ späte Zeiten. In der Türkei gibt es Befunde, die dafür sprechen, daß dort an den Küsten oder am Euphrat über Inventaren von Faustkeilen einfache Abschlagindustrien folgen, und erst dann späte Varianten des Jungpaläolithikums. Dies ist zum Beispiel der Fall in Sheremuz bei Samsat, das jetzt vom Atatürk-Stausee partiell überflutet und für die Forschung aus politischen Gründen nicht mehr zugänglich ist. Ein Teil der wohl späten anatolischen mittelpaläolithischen Geräte weist „Sichel"glanz auf, der durch Halmeinlagen entsteht und daher von einer intensiven Nutzung von Gräsern zeugt und gleichzeitig auch ein schon verstärktes Sammeln von Wildgetreiden nahelegt. Diese sind in der damals lichten und gut beregneten Parkwaldvegetation Anatoliens und der Levante wahrscheinlich an geeigneten Standorten durchaus in größeren Beständen verfügbar.

Im nordöstlichen Sibirien fehlen alle mittelpaläolithischen Stationen. Es gibt sie aber im nördlichen Japan aus der Zeit der dortigen frühen Mammutfaunen, die beim ersten Absinken des Meeresspiegels im Jungpleistozän zwischen 80000 und 60000 Jahren vor heute nach Japan überwechseln. Im südlichen Japan kommen zeitgleich größere Inventare vor, die den Formen des Fenhoian, einer auch schon im Mittelpleistozän in China nachweisbaren Kulturtradition (s. S. 53ff.) sehr nahestehen. Das Fenhoian selbst setzt sich fort in China und Südostasien, auch auf den jetzt durch das Absinken des Meeresspiegels mit dem Festland verbundenen indonesischen Inseln, den Philippinen und in Dingcun südlich von Peking. Dort steht es in Kontakt mit einer kalten Mammutfauna und Resten von älteren Vertretern des *Homo sapiens*, die den Neandertalern ähneln und in China mehrfach vorkommen. Ein weiterer Zeitgenosse des Neandertalers wurde mit dem *Homo sapiens soloensis* in Java gefunden, der gleichermaßen mit Artefakten zusammengehört, die dem Fenhoian ähneln.

Ob bereits vor mehr als 40000 Jahren Menschen mit Hilfe von Flößen aus Baumstämmen erstmals nach Australien übersetzten, ist noch nicht eindeutig klar, aber denkbar (s. S. 88). Hypothetisch besteht die gleiche Möglichkeit auch für das

Übersetzen nach Amerika. Die Beringlandbrücke war zwischen 150000 und 130000 sowie 70000 und 50000 Jahren vor heute wieder begehbar, und es gab zweifellos schon Menschengruppen im Norden, die an entsprechend harte subarktische Umweltbedingungen gewöhnt waren. Sichere Belege für eine derartige Wanderung gibt es aber bisher nicht.

4. Die neue und größere menschliche Ökumene

Ob wir nun das Middle Stone Age/Mittelpaläolithikum als eigenständige Phase oder als Brücke zu jüngeren Entwicklungen betrachten, es beinhaltet jedenfalls eine weitere Ausdehnung der menschlichen Ökumene. Die alten Räume werden gehalten, und es ist vor allem in Zonen mit offenen Landschaften eine Verbesserung der Jagdwaffen durch Einsätze von Stein- und ersten Knochenspitzen zu beobachten. Das mag für die Jäger auch durch die Notwendigkeit begründet sein, sich dort häufiger gegen Löwen und Hyänen verteidigen zu müssen. Im Norden dürfte auch der Mangel an stabilen und zähen Hölzern die Entwicklung von zusätzlichen Einsatzspitzen erzwungen haben.

Als nördlichste Zone der menschlichen Ökumene im Mittelpaläolithikum lassen sich die damalige Strauchtundra Mitteleuropas, die kalte Tundrensteppe bei Wolgograd, deren Fortsetzung nördlich der sibirischen Gebirge und die Mammutsteppe in Nordchina sowie im nördlichen Japan fassen. Außerdem könnten Menschen bereits den neuen Kontinent Australien und vielleicht sogar Amerika erreicht haben.

Deutlich ist zu erkennen, daß die menschliche Ökumene sich jetzt in zahlreiche Provinzen gliedern läßt: 1. die Waldsteppenjäger des subsaharischen Afrikas, 2. die Steppenjäger Nordafrikas, 3. die Wald- und Steppenjäger Südwestasiens und Indiens, 4. die Wald- und Tundrensteppenjäger Nordwesteurasiens, 5. die Wald-, Steppen- und Tundrensteppenjäger Ostasiens, eventuell schon einschließlich von Australien.

Das Mittelpaläolithikum/Middle Stone Age ist zugleich die Epoche des Neandertalers und seiner Zeitgenossen. Darum ist

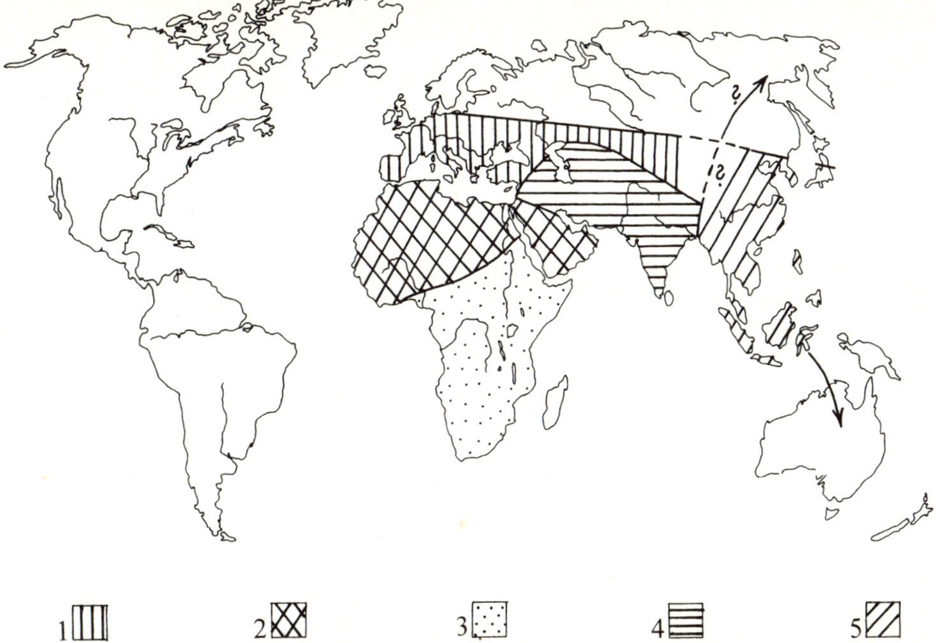

Karte 2: Die Ökosysteme des späteren Middle Stone Age und des Mittelpaläolithikums vor 60 000 Jahren
1 Eurasiatische Steppenkulturen, 2 Nordafrikanische Savannenkulturen, 3 Subsaharische Waldsavannenkulturen, 4 Südwestasiatische Waldsteppenkulturen – 5 Südostasiatische Wald- und Waldsteppenkulturen – erster Vorstoß nach Australien vor 50 000 bis 40 000 Jahren und wahrscheinlich auch Vorstoß nach Beringia

es schwer vorstellbar, daß sie alle durch eine Neueinwanderung „moderner“ Menschen aus Afrika innerhalb einiger Jahrtausende in den oben genannten fünf ökumenischen Provinzen ersetzt wurden. Zudem fehlt jeder einsehbare Grund für eine solche Auswanderung aus menschenarmen Räumen, deren enorme Reserven für Sammeln und Jagd längst nicht ausgeschöpft waren. Auch die Vorstellung einer einzigen genetisch gesteuerten und von einem afrikanischen Zentrum ausgehenden „Modernisierung“ würde wohl auch die komplexen Veränderungsmechanismen bei der Ausbildung menschlicher Gene zu sehr vereinfachen. Paläohistorisch einleuchtender bleibt nach wie vor die anhaltende weltweite „Sapientisierung“ aller Populationen in den fünf ökumenischen Provinzen des Mittelpaläolithikums/Middle Stone Age, allenfalls je nach den regionalen Bedingungen mit unterschiedlicher Geschwindigkeit. Denn der sich aus der Akkumulation von Erfahrungen auf die Strukturen des Gehirns auswirkende und für die wachsende Verarbeitung von Informationen notwendige Vergrößerungsdruck findet nicht nur bei Menschen in Afrika statt. Zudem wäre es schwer vorstellbar, daß Neueinwanderer ohne Bruch die existierenden und durch ihre technischen Traditionen deutlich differenzierten ökokulturellen Provinzen übernehmen würden. Nach allen Regeln der Archäologie müßten dann die Traditionen der subsaharischen Provinz in der Folge weltweit zu finden sein, und das ist schlicht nicht der Fall. Die „Eva-Theorie“, der ganz neuerdings eine asiatische „Adam-Theorie“ gegenüber gestellt wird, um die Problematik derartiger Zeitschätzungen zu unterstreichen, mag reizvoll sein, aber sie vereinfacht monokausal das bereits faßbare komplexe paläohistorische Geschehen zu sehr und kann ihm nicht gerecht werden (s. S. 60 u. 134). Dazu kommt neuerdings eine verstärkte Unsicherheit bei der Datierung aller Funde zwischen 30000 und 50000. Es hat sich tatsächlich nachweisen lassen, daß damals die primäre Radiokohlenstoff-Produktion enorm schwankte – ebenso wie damit einhergehend auch die erreichbare Datierungsschärfe im kritischen Übergang von Mittel- zu Jungpaläolithikum.

V. Jungpaläolithikum, Late Stone Age, Paläoaustralian und Paläoindian

Die dritte Phase (40 000 bis 10 000 vor heute)

Seit der Einführung des Begriffes durch G. de Mortillet 1860 hat sich die Definition der Untergrenze des Jungpaläolithikums, die er mit dem Beginn des europäischen Aurignacian gleichsetzte, im westlichen Eurasien prinzipiell wenig verändert. Im Norden und Osten Asiens, aber auch in Nordafrika wird sie durch unabhängige kulturelle Traditionen bestimmt. Im subsaharischen Afrika wurde mit dem Begriff Late Stone Age eine neue, wenn auch fast synchrone Bezeichnung eingeführt, deren Gliederung derjenigen in Nordafrika ähnelt. Die beiden „jungen" Kontinente lassen sich mit der Abfolge in der Alten Welt parallelisieren, weisen aber im Jungpaläolithikum eine jeweils völlig eigenständige Entwicklung auf. Der Begriff „Paläoindian" wurde in Nord- und Südamerika schon um 1930 gebräuchlich. Parallel dazu läßt sich ein jungpaläolithisches „Paläoaustralian" an die Basis der kulturellen Geschichte dieses Kontinents stellen.

1. Steppennutzer Europas und Nordasiens bis in Taiga und Tundra: Bild und Botschaft

Durch den Nachweis eines zwischen Mousterian und Aurignacian stehenden südfranzösischen Perigordian wird die Untergrenze des Jungpaläolithikums lokal zeitlich differenziert. Das Perigordian zeigt relativ breite steinerne Rückenmesser, die an das dortige Mittelpaläolithikum anschließen, wirkt aber in vielen Details schon „jungpaläolithisch". Mit diesem Perigordian ist einer der jüngsten Neandertaler aus Saint Césare vor etwa 35 000 Jahren verbunden. Offensichtlich gibt es also „konservative" Rückzugszonen später Neandertaler und letzter Varianten des Mittelpaläolithikums. Ähnliche Beharrungstendenzen bestehen im südöstlichen Europa.

Dort gehen mittelpaläolithische Blattspitzenindustrien in Komplexe über, die schlankere Blattformen, Klingen und andere Geräte jungpaläolithischen Charakters führen, wie das Szeletian in Ungarn, in der Slowakei und in Tschechien oder auch zeitgleiche Inventare in Südrußland. Chronostratigraphisch stehen sie alle im jungpleistozänen „Inter-Pleniglazial", das mit der insgesamt klimagünstigeren Isotopenzone 3 gleichgesetzt wird, die etwa zwischen 60 000 und 25 000 Jahren vor heute zu datieren ist. Immerhin ein Zeitraum von 35 000 Jahren, der in sich noch nicht überzeugend klimatisch zu gliedern ist.

Auch das Aurignacian selbst gehört in den oberen Abschnitt der genannten Isotopenzone 3 und wird gegenwärtig mit unterschiedlichen Meßtechniken der 14 C Methode zwischen 45 000 und 35 000 Jahren vor heute datiert. Das Aurignacian ist durch neue Schlagtechniken zur Produktion meist größerer, aber auch gelegentlich feinerer Klingen gekennzeichnet. Auf diesen so geometrisch stark genormten Grundformen werden mit oft nur noch geringem Aufwand Teilretuschen angebracht, was in den „Klingenindustrien" zu Formenklassen hoher Ähnlichkeit („Typen") führt, welche sich selbst bei intensivem Gebrauch meist erhalten. Dies war bei den weniger sorgfältig in der Richtung gezielten Abschlägen im Mittel- und erst recht im Altpaläolithikum selten der Fall, und wurde dort eher als Vorwegnahme des Jungpaläolithikums gesehen (F. Bordes ab 1953 bei seiner Gliederung des Mousterian oder O. Hauser 1916 in der Beschreibung der Funde von La Micoque in der Dordogne). Im Aurignacian kommen weiterhin, wenn auch selten, in mittelpaläolithischen Traditionen stehende diskusförmige Restkerne vor.

Räumlich ist das Aurignacian über ganz Europa von Portugal bis Sizilien und Südengland, bis ins Vorland des nördlichen Mittelgebirges und bis an den russischen Don verbreitet. Nur das vergletscherte Nordeuropa wird ausgespart. Überall weist das Aurignacian bereits gut entwickelte Knochen- und Elfenbeinspitzen auf. Darunter sind besonders „typisch" meist kleinere Spitzen mit geschlitzter oder gespaltener Basis. Sie sind der erste faßbare Versuch einer Konstruktion ablösbarer Geschoßköpfe, um so den Verschluß der Wundkanäle in den Beutetieren durch Speerschäfte zu verhindern. Die Menschen des Aurignacian nutzten die verschiedensten, aber durchweg sehr produktiven Steppentundren des damaligen Europas, deren südlicher Bereich noch oder wieder Gehölze enthielt, in denen selbst Eichen vorkamen. Daß dort das Sammeln von Pflanzennahrung in erheblichem Umfang möglich war, darf als sicher gelten, auch wenn wir dazu noch keine direkten, weil nur mit hohem analytischem Aufwand zu beschaffenden Nachweise haben. Die bejagten Faunen bestehen überall aus Mammut, wollhaarigem Nashorn, Bison, Ren und Pferd. Hirsch ist relativ häufig, ebenso die zum Ökosystem gehörenden Carnivoren wie Höhlenbär, Höhlenlöwe, Hyäne, Wolf und Eisfuchs. Im kontinentalen Osten tritt die Saiga auf, im Bergland der Steinbock und im ozeanischen Südwesten das Reh. Das relativ kälteempfindliche Wildschwein, das im unteren Abschnitt der Isotopenzone 3 in Südmähren noch vorkommt, fehlt.

Ein ganz neues Phänomen, das erstmals ausschließlich im bisher nur mit wenigen Funden des *Homo sapiens sapiens* verbundenen Aurignacian auftritt, ist die Herstellung von Gravierungen, Skulpturen und Reliefs in einer verblüffend vielfachen Formensprache. In Südfrankreich sind es abstrakte Strichbündel und Zeichenserien, aber auch klar als solche erkennbare Vulven auf Steinblöcken. Auf der Schwäbischen Alb in bisher drei Höhlen (Vogelherd: 1931, Hohlenstein-Stadel: 1939, Geißenklösterle: ab 1973/74) sind es Skulpturen aus widerstandsfähigem Elfenbein, die neben Beutetieren wie Mammut, Bison und Pferd auch Jagdkonkurrenten des Menschen, wie Löwe, Leopard und Bär darstellen. Mammut und Feliden sind relativ häufig und zeigen bisweilen serielle oder einfache Markierungen, unter denen Punkte häufig und Winkelmarken vereinzelt auftreten. Im Stadel kommt aber auch isoliert eine mit 30 cm relativ große Figur vor, die menschliche Körperhaltung mit typischen Löwenattributen vereinigt: das erste Beispiel eines Mensch-Tier Mischwesens mit gewiß übermensch-

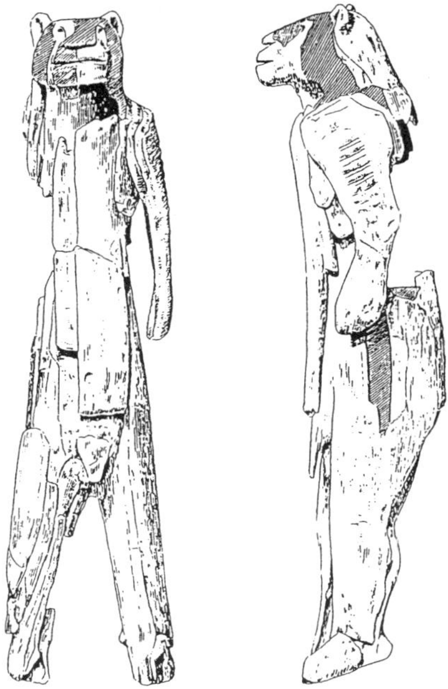

Die Löwengottheit aus dem Hohlestein-Stadel im Lonetal

licher Kraft und übertierischer Denkfähigkeit. Im Geißenklösterle wurde neben Tierfiguren ein kaum 4 cm großes Elfenbeintäfelchen gefunden, welches das Relief eines stehenden Menschen mit erhoben grüßenden Händen zeigt. Es ist allerdings so schlecht erhalten, daß nicht klar wird, ob es sich ebenfalls um ein Tier-Mensch Mischwesen mit Schwanz oder aber um einen in Fell gehüllten Menschen handelt. Auf der Rückseite ist eine Serie von Punktlinien angebracht, die bisher nicht sicher zu interpretieren ist. Aber nach den vorhandenen Zahlenkombinationen könnten sie eine Verbindung zwischen Sonne und Mondphasen andeuten, sozusagen die Darstellung einer der einfachsten astronomischen und kalendarischen Beobachtungen, die im Kalender der Maya (s. S. 124) klarer faßbar werden. Vorder- und Hinterfläche scheinen durch Kantenmarken verbunden, wie beim Avers und Revers von späteren Münzen und Medaillen, die ebenfalls einen beidflächig zusammengehörigen Sinn enthalten. Die Interpretation der Marken mag noch offen bleiben, aber die Geste des Grußes oder der Abwehr bei der Figur mit den erhobenen Händen über mehr als vier Jahrzehntausende und 1300 Generationen hinweg bleibt verständlich.

Diese erhaltenen Bilder und Botschaften – von Kunst zu sprechen, hat hier wohl wenig Sinn, da wir kaum eine „Nicht"-kunst erwarten können – sind gewiß nur ein kleiner Rest weit größerer Serien. Neben den Bildnissen aus Mammutelfenbein dürfte es wahrscheinlich rascher hergestellte, aber vergänglichere Plastiken aus Ton gegeben haben, deren Formenelemente in den Elfenbeinarbeiten nachzuwirken scheinen. Sie könnten auch deren Vorgänger gewesen sein. Daneben sind gewiß auch flüchtige Zeichnungen in Sand und Schnee zur Untermalung von Erzählungen vorstellbar, welche mit Figuren weit eindrücklicher dramatisiert werden konnten. Dabei dokumentieren der Löwenmensch aus dem Stadel und der Grüßende aus dem Geißenklösterle offenbar erstmals Erzählungsinhalte, die erkennbar in die Zone der über die Menschen hinaus reichende Interpretation der Welt und damit in die religiöse Sphäre führen. Weder beim Löwenmenschen noch bei den übrigen Tierfiguren werden Geschlechtsmerkmale in diesen frühen Darstellungen besonders betont. Dies gilt aber nicht für die eindeutigen Vulven bei den südfranzösischen Gravierungen, die wohl am ehesten oder zumindest auch als menschlich anzusehen sind. Farbspuren im Geißenklösterle unweit der Donau scheinen auf erste Malereien hinzuweisen.

In der folgenden, in Europa ebenfalls weit verbreiteten Stufe des Jungpaläolithikums, dem Gravettian, das im Übergang der Isotop-Chronozonen 3 und 2 (die kälteste und trockenste des Jungpleistozän) steht, setzen sich die Darstellungstraditionen des Aurignacians fort, aus dem wir bereits auch zahlreich erhaltene Schmuckstücke aus Zähnen und anderen Tierteilen besitzen. Im mährischen Pavlovian als regionaler Variante des Gravettian werden tatsächlich Tierbildnisse aus Ton geformt und in regelrechten kleinen Öfen gebrannt: die ältesten Keramiken vor 30000 Jahren. Sie stellen wieder Mammute, Rinderformen, Pferde, Bären und Feliden dar, und erstmals unbekleidete Frauenfiguren, die auch in anderen Materialien (Stein, Elfenbein oder Knochen) in verschiedenen Fundstellen Europas vorkommen. Die Elemente der Mütterlichkeit und Weiblichkeit sind bei diesen Figuren immer ohne Beachtung der Individualität betont. Es geht dabei um weit mehr als nur um das Prinzip der Fruchtbarkeit. Angesichts der in späteren historischen Analogien immer wieder erkennbaren strikten Trennung weiblicher und männlicher Kommunikationsstrukturen darf wohl gefolgert werden, daß diese Figuren von Frauen als Symbolträger ihrer Emotionen geschaffen wurden. Dann verschmölzen in ihrer betonten Geschlechtlichkeit sowohl das auf das Kind bezogene Prinzip der Madonna als auch das auf den männlichen Partner gerichtete der Venus.

In der großen Mammutjägerstation Dolni Vestonice in Südmähren fällt der sehr individuelle, aus Elfenbein geschnitzte Kopf einer Frau mit leicht verzerrtem Gesicht auf, dem deutlich auch eine separat gefundene einfache Maske entspricht. Verblüffend ist die Tatsache, daß dort 1949 zudem eine etwas ältere, mit zwei Schulterblättern von Mammuten abgedeckte Bestattung einer Frau geborgen wurde, die ebenfalls ein durch Lähmung verzogenes Gesicht aufwies. Dies ist nur eine aus einer größeren Zahl von zum Pavlovian (genannt nach einer mährischen Fundstelle) gehörenden Bestattungen mit Einzel- und Mehrfachbelegungen, darunter eine mit der Beigabe einer größeren, partiell zerstörten Figur von eher männlichem Aussehen.

Die Siedlung von Dolni Vestonice liegt neben einer Rinne, die mit Tausenden von Mammutknochen gefüllt ist, die Tiere wurden dort erjagt und zerlegt. Sie ist insgesamt 60 mal 130 m groß und war ein Basislager für wiederholte saisonale Jagdaufenthalte. Kern der Siedlung ist ein großer kommunaler Feuerplatz, in dessen Asche sich eine der Frauenfiguren fand, ferner ein dachloser Windschutz mit fünf Feuerplätzen und dazu mindestens drei erhaltene runde Hütten. Etwas weiter entfernt, gegen Osten hangaufwärts, stand an der Rinne ein kleinerer Bau mit Pultdach, neben dem 1951 der erste überkuppelte Brennofen mit Resten von Hunderten gebrannter Tonfigürchen von B. Klima, dem Leiter der dortigen Grabungen, gefunden wurde.

Synchrone Siedlungsspuren wurden in den angewehten Lößen Mittel- und Osteuropas immer wieder nachgewiesen. Als Konstruktionselemente, die damit zugleich Trophäencharakter erhielten, dienten häufig größere Mammutknochen und sogar ganze Schädel mit den ihnen belassenen Stoßzähnen. Zäune aus Knochen umgeben bisweilen Lagerzonen mit Hütten für einen einzelnen oder auch zwei zusammenarbeitende Haushalte, wie dies historisch zum Beispiel bei den Lappen (Samen) belegt ist. Daneben stehen auch schmale, lange Bauten mit bis zu acht nebeneinander liegenden Feuerstellen. Nach Analogien zu historischen indianischen Renjägern in Labrador dürften diese als „Festhütten" für bis zu achtmal je zwei Familien gelten. Außer Einzel- und Doppelhaushalten werden damit im Jungpaläolithikum erstmals auch Gruppenlager nachweisbar.

Neben der weit verbreiteten tragbaren (mobilen) Kleinkunst treten in Westeuropa erstmals ausgemalte Höhlenheiligtümer auf. Stilistisch steht die Bilderwelt in der Pêche-Merle dem Aurignacian und dem Gravettian/Pavlovian mit ihren punktgefüllten Pferdesilhouetten und sich aufbäumenden Mammuten nahe. Durch nicht unproblematische 14-C-Datierungen wird auch die Höhle Chauvet in der Ardèche mit ihren ungewöhnlich artenreichen Tierbildern in das Aurignacian datiert. Von ihrem Stil her entsprechen die Bilder dagegen – als regelrechtes ikonographisches „Musterbuch" – eher den übrigen bekannten, stets aber weniger Tierarten zeigenden Bilderhöhlen des frühen Magdalenian erst rund 15 000 Jahre später!

Die noch stärker genormten Steingeräte des Gravettian/Pavlovian werden vorwiegend aus nach sehr sorgfältiger Kernpräparation geschlagenen Klingen gefertigt. Vor allem fallen jetzt in großen Serien die Feinklingen („Gravetten") auf, die als schneidende Kanteneinsätze die Funktionen der früheren

Blattspitzen übernehmen. Die Knochengeräte reichen von einfachen schmalen Geschoßspitzen bis zu Hacken und Grabschaufeln.

Noch vor dem etwa 20000 Jahre zurückliegenden Höhepunkt der zweiten jungpleistozänen Vereisung erstreckte sich die menschliche Ökumene bis nach Sungir nahe von Wladimir nordöstlich Moskaus. Neben dreieckig blattförmigen steinernen Geschoßspitzen wurde eine flache, wie eine vereinfachte Variante des Exemplars vom Vogelherd wirkende Pferdefigur gefunden. In einem Kinderdoppelgrab (Kopf gegen Kopf) lagen große Elfenbeinspeere; in einem Erwachsenengrab Hunderte sorgfältig geschnitzte winzige sanduhrförmige Elfenbeinperlen an fast allen Nähten der vergangenen Lederkleidung, die sich mit Leggins und hüftlanger Jacke als höchst praktisch und dem Typ nach als „indianerartig" erwies.

Blattförmige Geschoßspitzen kennen auch die synchronen Inventare des südlichen Osteuropas und Sibiriens. Sie sind aber stets mit Feinklingen und zugehörigen entwickelten „bootsförmigen" Kernen verbunden, die auch in der Mongolei, in Nordchina und Nordjapan auftreten. Im südlicheren Westeuropa kommt es mit dem Solutrean (benannt nach einer ostfranzösischen Station von Pferdejägern) nach dem Gravettian für einige Jahrtausende zu einer Renaissance der Blattspitzen. Diese können extreme Formen erreichen. Sie sind mit dem ersten Nachweis einer Speerschleuder verbunden. Die weitergeführte Kleinkunst und die Höhlenmalereien werden durch großflächige Reliefs von Tier- und Frauendarstellungen ergänzt.

Während des zunächst niederschlagsreichen und dann zunehmend kalt trockenen Höhepunkts der letzten Eiszeitphase dünnt die Bevölkerung in Nordwest- und Mitteleuropa stark aus oder verschwindet für einige Jahrtausende ganz. Mit der Wiedererwärmung vor etwa 15000 Jahren greift das unterdessen in Westeuropa entstandene Magdalenian nach Mitteleuropa bis Mähren und Südpolen aus. Es wird vor allem durch die Entwicklung von Harpunen vorwiegend aus Rengeweihstäben sowie von Nähnadeln aus stabilen Knochenspänen charakterisiert. Die Kleinkunst wird mannigfaltiger. Neben abstrakten Frauenfigürchen stehen realistische, oft sehr „einfühlende“ Darstellungen von Tieren, die häufig auf Geräten als Symbolträger angebracht werden. Die Höhlenmalereien in Lascaux, Altamira und andern Orten erwecken den Eindruck, es habe sich hier um regionale Zentren gehandelt. Manche von ihnen, wie Altamira, scheinen nach Ausweis von vergleichbaren Stilfolgen über längere Zeit besucht worden zu sein. In Lascaux fällt in einem Schacht, der (auch?) heute wegen periodischer Ansammlung von giftigem Kohlendioxid nur mit Vorsicht und meist nur kurz betreten werden kann, eine ungewöhnliche isolierte Zeichnung auf. Sie zeigt das Sterben eines vogelköpfigen Mannes mit dem für den gewaltsamen Tod so typisch erigierten Penis sowie eine durch einen Wurfspeer tödlich verwundete Bisonkuh. Speer und Speerschleuder sind gut sichtbar, ebenso der Todesvogel auf der Stange, wie ihn auch spätere Kulturen kennen, daneben ein abgewandtes, vielleicht weibliches Wollnashorn, dessen Hinterleib durch eine Punktreihe mit der Hauptszene verbunden ist. Dies ist die erste bisher bekannte Darstellung des Sterbens selbst, jenes Überganges zwischen kurzem Leben und unbekanntem Tod.

Vor rund 15 000 Jahren hatten im nordöstlichen Sibirien Mammutjäger schon das Eismeer erreicht. In Berelekh an der Mündung der Indigirka, bei 17 Grad Nord, kommt damals neben Mammut und Ren zur Zeit der beginnenden Wiedererwärmung auch der *Equus caballus lenensis* vor, der dem historischen Jakutenpferd ähnelt. Die nordostasiatischen Jäger der Tundrensteppe nutzen den ganzen riesigen Raum südlich davon bis zum damals mit dem Festland verbundenen Nordjapan und dringen auch in den Lößsteppen Chinas gleichzeitig mit den Mammuten bis südlich von 35 Grad Nord vor. Dort treffen sie auf den *Equus hemionus*, den Kulan der Halbwüsten. Nach wie vor beruht die Steintechnik der Jäger auf Feinklingen im Stile des Gravettian, die von immer sorgfältiger vorgeformten bootsförmigen Kernen mit Knochen- und Geweihstäbchen (Retuscheuren) abgedrückt werden. Dazu kommen blattförmige Geschoßspitzen und Messer neben

Knochen-, Geweih- und Elfenbeingeräten. In den wenigen, bisher ergrabenen Lagerplätzen, wie etwa Mal'ta an der Angara westlich des Baikalsees, fanden sich Schnitzereien von Tieren, zunehmend auch Wasservögeln, sowie bisweilen Figürchen bekleideter Frauen. In Mal'ta tritt neben der üblichen Fauna von Mammut und Ren auch das klimatisch etwas empfindlichere Wisent auf.

Die technohistorische Einheit des „eiszeitlichen" Jungpaläolithikums in Europa und Asien nördlich der großen Gebirgszonen ist ab 30000 Jahren vor heute verblüffend. Unterschiedlich ist dagegen die Bilderwelt des Westens und das Beharren auf Blattspitzenformen im Osten.

Davor zeigte das „Ältere Perigordian" im südlichen Frankreich eine lokale, an das dortige Mittelpaläolithikum anschließende kulturelle Tradition. Diese ist offenbar noch mit Menschen verbunden, deren Schädeltypus deutliche Merkmale der Neandertaler besitzt. Auch auf der iberischen Halbinsel und in Italien scheint sich der Übergang anfangs zeitlich zu verzögern. Es entsteht dadurch erstmals der Eindruck, als ob eine „Kulturregion" innerhalb der überall ablaufenden Entwicklung einen Vorsprung gewinnt. Diese Region bildet schließlich mit dem Aurignacian einen weiträumigen Zusammenschluß, der aber nicht weiter als bis in das südöstliche Europa reicht.

Im nordöstlichen Europa und in Nordasien zeigt allein schon das Fehlen des „Technokomplexes" des Aurignacian die Eigenständigkeit des dortigen Überganges zum Jungpaläolithikum an. Erst mit der Weiterentwicklung der Herstellungstechniken von Feinklingen verbindet sich eine weiträumige Uniformität in ganz Europa und Nordasien. Aber selbst dann gibt es noch regionale Unterschiede, wie etwa die Ausbildung des westeuropäischen Solutrean in einem offenbar relativ vielfältigen und produktiven Ökosystem mit seiner sorgfältigen flächigen Bearbeitung funktional wichtiger Steingeräte. In Nordasien bleiben derartige Techniken in wohl meist ebenfalls günstigen und technisch auch gut beherrschten Ökosystemen Allgemeingut.

Während des Höhepunktes der letzten Eiszeit, in der Sauerstoff-Isotopenphase 2 zwischen 22000 und 16000 Jahren vor heute, entwickelt das offenbar relativ dicht besiedelte südwestliche Europa mit dem Frühen Magdalenian eine ganz eigenständige, noch subarktische kulturelle Tradition, zu der die großen ausgemalten Höhlenheiligtümer gehören. Sie scheinen oft zugleich kulturelle Zentren größerer Regionen zu sein, die über die Gruppen in einzelnen Talschaften hinausgreifen.

In Italien, auf dem Balkan, in Südosteuropa und in Nordasien, einschließlich Zentralasiens und der Mongolei, verfeinern sich in dieser Zeit die Industrien in der Art des Gravettian mit nur geringen lokalen Traditionsunterschieden. In den weit nach Süden ausgedehnten Kältesteppen stoßen sie bis über das heutige Peking hinaus nach Süden vor. Die Nordgrenze dieser asiatischen Mammutjäger, die mit dem Begriff des „Afontovian“, nach einer Fundstelle in Krasnojarsk am oberen Jenisei, charakterisiert werden könnten, wird je nach der Gunst der Klimaverhältnisse mehr oder weniger weit nach Norden vorgeschoben worden sein. Spätestens vor 15000 Jahren war jedenfalls die sibirische Eismeerküste definitiv erreicht.

Mit der Wiederwärmung nach 16000 Jahren vor heute taucht auch das westeuropäische Magdalenian in Mitteleuropa auf. Dessen Lagerplätze nehmen deutlich zu mit der stärkeren Ausdehnung und höheren Produktivität der wärmer werdenden Parktundra, welche auch eine Zunahme der Insekten und Fische mit sich bringt, vor (kalibriert) 14000 Jahren (oder 12000 v. Chr.). Neben Höhlenfundstellen treten auch wieder Freilandstationen auf, wie etwa Gönnersdorf bei Neuwied am Rhein mit Tierdarstellungen auf reich verzierten Steinplatten und Gravierungen abstrahierter Frauen im zeitgebundenen Stil. Dazu gehört auch eine Gruppe tanzender Frauen, von denen eine ihr Kind, ein Mädchen, auf dem Rükken trägt. Das nur zum Teil ergrabene Gönnersdorf mit Zelten und Winterhütten könnte ebenfalls, wie die Höhlenheiligtümer, ein überregionales Kontaktzentrum gewesen sein, wie wir sie auch aus späteren Kulturen von Tundrenjägern oder auch aus Australien kennen. Das Magdalenian erreicht mit seiner typischen Bildersprache noch den Mährischen Karst und Südpolen.

Eine zwar nahestehende, aber doch regional abtrennbare Tradition wird in Nordmitteleuropa festgestellt mit dem Hamburgian und dem mit ihm stark verbundenen Creswellian mit stark vorherrschender Rentierjagd in Südengland, das damals noch, wie Nordjapan, bei rund 100 m tiefer liegendem Meeresspiegel Teil des Kontinents war. Im kontinentalen Osteuropa und in Nordasien halten die Traditionen des späten Gravettian unter Ausprägung deutlich lokaler Varianten an. In Westeuropa treten unter dem Begriff Azilian die ersten, mit Hirschjägern in immer dichter werdenden Wäldern von zunehmend atlantischem Klimatypus verbundenen „spätpaläolithischen" Inventare auf. Diese erreichten schon früh im Bölling/Alleröd, einer klimatisch komplexen Florenabfolge zwischen 13000 und 10500 Jahren vor heute, die Westschweiz und rund ein Jahrtausend später das übrige westliche Mitteleuropa. Im östlichen Mitteleuropa und in Osteuropa erscheint mit dem Swiderian ein anderer Technokomplex. Er wird vor allem neben dem allgemein spätjungpaläolithischen Charakter durch eher kleine, beidflächig retuschierte Geschoßspitzen gekennzeichnet, die vermutlich zu leichten Wurfspeeren oder eventuell schon Bogenpfeilen gehören.

Nach dem Alleröd kehren mit dem Ahrensburgian und seinen typisch geschlagenen Stielspitzen, die mit Originalfunden von aus Kiefernholz zusammengesetzten und weltweit erstmals erhaltenen Pfeilen verbunden sind, in der letzten Kältephase der Jüngeren Dryas noch einmal Renjäger nach dem nördlichen Mitteleuropa zurück. Erst mit der erneuten und jetzt endgültigen Ausbreitung der Wälder nach 10000 v. Chr. verschwindet diese kulturelle Tradition in Mitteleuropa. Ähnlich sind die kulturellen Entwicklungen auch im nordöstlichen Europa und in Nordasien. Wo der Wald dichter wird, verschwinden die jungpaläolithischen Traditionen praktisch vollständig und machen den Technokomplexen des „Mesolithikums" (s. S. 116f.) mit stärkerer Ausrichtung auf Gewässer als Nahrungsquellen Platz. Nur in der lichteren nördlicheren Taiga und in den schrumpfenden Zonen der in der letzten Eiszeit riesigen und wegen ihrer Übersichtlichkeit gut zu bejagenden Tundra setzen sich die Traditionen der Stielspitzenjäger in Nordskandinavien für weitere Jahrtausende fort. Dies gilt auch für die Tradition des Swiderian mit ihren kleinen Blattspitzen bis zum Ural sowie für diejenige des Afontovian mit seinen typischen bootsförmigen Kernen in ganz Nordsibirien und zunächst auch Japan. Im übrigen Europa entwickeln sich auf der Basis des Azilian „mikrolithische" und vorneolithische Industrien. Die große Zeit des Magdalenian mit seiner komplexen Bilderwelt ist mit der Parktundra endgültig in Europa beendet. Dies gilt auch für ihre Pendants im osteuropäischen Spätgravettian, zu denen gemalte Darstellungen eiszeitlicher Tiere im Ural gehören. Auch die Kleinkunst im südsibirischen Afontovian verschwindet wenigstens archäologisch in der Zone der dichter werdenden endglazialen Wälder der Taiga.

2. Die Steppen- und Waldkulturen Afrikas: Jungpaläolithikum im Nordwesten und Late Stone Age südlich der Gebirge: Bilder voller Botschaften

Im Nordwesten Afrikas folgt auf die dortigen klassischen mittelpaläolithischen Traditionen das Aterian als „Übergangskomplex" mit sorgfältig produzierten Klingen und oft großen, geschlagenen Stielspitzen, die im Inland weit häufiger sind als in Küstennähe. Sein Anfangsdatum dürfte noch vor mehr als 30000 Jahren liegen. Man kann von der Datierung her diese „Speerspitzen-Industrie" (und später vielleicht sogar schon „Pfeilspitzen-Industrie") trotz ihrer für Europa noch stark mittelpaläolithischen Züge durchaus schon zum Jungpaläolithikum rechnen. Dennoch bleibt der Unterschied zur europäischen Entwicklung unübersehbar.

Ab etwa 25000 v. Chr. (kalibrierte 14-C-, das heißt Radiokohlenstoff-Zeit wird als Konvention mit „v. Chr." angegeben) wird das Aterian durch das Iberomaurusian ersetzt, das eine gut entwickelte Klingentechnik besitzt und recht typische Rückenspitzen, die denjenigen des Perigordian und Chatelperronian in Südwesteuropa ähneln. Es wirkt daher stärker „klassisch jungpaläolithisch". Das älteste Niveau der Felsgravierungen in den nordafrikanischen Gebirgen wird noch diesem späten Jungpaläolithikum zugeordnet. Es stellt praktisch nur Tiere dar wie zum Beispiel Elefanten und Büffel, die aber deutlich machen, daß die Nordzone der Sahara damals weit feuchter und wildreicher war als heute. Dies gilt auch für die gegenwärtig stark ausgetrocknete Region um den Tschadsee, in der sich damals eine regelrechte spätpaläolithische Fischereiwirtschaft mit typischen gezähnten Knochenharpunen etablierte. Der Grund für die in dieser Zeit erhöhten Niederschläge war vor allem die Verschiebung der Westwinddrift (also des Zugweges unserer Regentiefs) während der Sauerstoff-Isotopenzone 2 durch das weite Vordringen des Inland- und des atlantischen Packeises, dessen Wintergrenze an der Nordkante der iberischen Halbinsel lag.

Südlich der heutigen Sahara entstand ohne jeden Bruch in einer günstigen Zone mit Grasland und Waldsavannen aus dem bisherigen Middle Stone Age das Late Stone Age. Es basiert auf der schon vorhandenen Klingenindustrie, die – wie überall in der Alten Welt – auf der Levallois-Technik fußt. Die chronologische Grenzziehung zwischen beiden Phasen schwankt entsprechend, je nachdem, welche technischen Merkmale man heranzieht. Die ersten flachen Rückenmesser reichen schon, wie in Europa, bis über 80 000 Jahre zurück. Industrien mit zunehmender Verkleinerung („Mikrolithisierung") ihrer Steingeräte, die anfänglich allein als Late Stone Age angesehen wurden, kommen dagegen erst ab 18 000 Jahren vor heute vor. Unterdessen legt man die Grenze zwischen 40 000 und 50 000 Jahren vor heute, so daß sie damit wieder in den zeitlichen Bereich des beginnenden europäischen Jungpaläolithikums rückt. Auf jeden Fall ist der Übergang gleitend. Aus der Zeit vor 25 000 bis 20 000 Jahren vor heute sind in Fundschichten des Late Stone Age – etwa in der Höhle Apollo 11 in Namibia – Fragmente farbiger Felsbilder gefunden worden. Ebensolche sind, meist ohne sichere Datierungen, auch an günstigen Stellen von Felswänden erhalten geblieben und zeigen neben Tieren einfache menschliche Darstellungen, die erst in das spätere, vor allem holozäne Late Stone Age nach 10000 v. Chr. zu stellen sein dürften (s. S. 105 u. 120). Es fanden sich inzwischen ebenfalls ganze Reihen von Lagerplätzen, in denen Einzelhütten zu Gruppeneinheiten verbunden sind und die damit in ökonomischer und sozialer Hinsicht entsprechenden Befunden in Eurasien gleichen.

Der technohistorische Wandel liegt demnach innerhalb des „Florisian", jenes wieder nach einer wichtigen Fundstelle benannten Faunenkomplexes, der in Südafrika zwischen den feuchteren Phasen des Jungpleistozäns mit seinen fruchtbaren Grasländern von 125000 bis 10000 Jahren vor heute und der danach auch dort beginnenden holozänen Austrocknung liegt. Großformen wie das Kappferd, der Riesenbüffel, große Warzenschweinarten und andere vermochten auch hier diesen letzten großen Vegetationswechsel um 10000 vor heute unter dem gleichzeitigen Druck immer erfolgreicherer Jäger nicht zu überleben. In den stabileren zentralafrikanischen Ökosystemen kommen solche Artenverluste damals kaum vor.

Bei der engen Verzahnung von Middle und Late Stone Age ist es auch kaum verwunderlich, daß Menschenreste, die in der Border Cave (Grenzhöhle in Südafrika) noch mit Artefakten des Middle Stone Age gefunden wurden, schon vor über 40000 Jahren morphologisch dem *Homo sapiens sapiens* zugerechnet werden können. Der Schädel von Broken Hill, der ebenfalls mit einem Inventar des Middle Stone Age verbunden ist, gehört dagegen zu einer „atavistischeren" (altertümlicher wirkenden) Menschenform, die als *Homo sapiens rhodesiensis* eher in die Zeit des europäischen *Homo sapiens neanderthalensis* gehört, welcher in Südfrankreich auch noch nach 40000 vor heute nachweisbar ist. Es ist daher keineswegs sicher, daß die gesamte Abfolge des Middle Stone Age über immerhin mindestens 70000 Jahre nur mit einer einzigen skelettmorphologisch definierten Menschengruppe verbunden sein muß. Es wäre durchaus denkbar, daß, ähnlich wie bei technischen Veränderungen, auch Merkmale menschlicher Populationen regional unterschiedlich früh schon „moderner" sein können als anderswo. Das trifft wohl vor allem dort zu, wo größere Bevölkerungsdichten bereits rascher genetische Veränderungen schon allein wegen der höheren Zahl von „Fortpflanzungsfällen" auslösen könnten. Und gerade diese Möglichkeit war im hochproduktiven Südafrika damals gegeben.

Das spätere Late (oder auch Later) Stone Age setzt sich im ganzen subsaharischen Afrika über die Holozängrenze hinweg oft bis um Christi Geburt fort. Erst dann tauchen auch dort nach Viehzucht und Pflanzenanbau erstmals eisenzeitliche Schmiedetechniken auf.

3. Die Kulturentfaltung in Südasien, Australien und Amerika

In Vorderasien, zu dem wir hier nicht nur Anatolien, sondern auch das nördliche Niltal bis zu den Katarakten im Sudan rechnen, unterscheidet sich der Übergang zum Jungpaläolithikum prinzipiell kaum von demjenigen in Eurasien oder Afrika. Auch hier tauchen im späten Mittelpaläolithikum vermehrt „moderne" Klingeninventare auf bis hin zur Station Haua Fteah weiter westlich in Libyen, das damals offenbar enge Kontakte zum Niltal hat. In Anatolien, in dem Mammute nicht vorkommen und wo damals atavistische Steppenelefanten vom Typus *meridionalis* weiterlebten, spricht vieles dafür, daß das Mittelpaläolithikum, ähnlich wie in Südwesteuropa, bis gegen 30000 vor heute andauerte. Die dort häufigen flachen Rückenmesser zeigen einen Sichelglanz, der vom Ernten von Wildgräsern und ihrer Körner herrühren dürfte, die in den offenen Waldsteppen an geeigneten Standorten wuchsen.

Ähnliches gilt zeitgleich für die klimatisch günstigere östliche Küstenzone des Mittelmeeres und deren Hinterland mit seinen besonders reichen mittelpaläolithischen Fundstellen. Das Nahrungsangebot war dort deutlich vielfältiger als in Anatolien mit den ausgeprägteren Steppenzonen. Im Gebiet des heutigen Palästina, Jordanien und Syrien lebte schon damals eine relativ verdichtete Bevölkerung. Es tauchen auch hier wieder bei ehemals als „spät" bezeichneten Neandertalern „moderne" Merkmale auf. Diese wurden zunächst als Ergebnis von „Vermischungen" mit schon weiterentwickelten „Hominiden" angesehen. Die Frage ist nur, woher diese „Vermischung" kam? Früher galt als Herkunftsort fraglos der mit seinem harten Klima stimulierende Norden. Seit fast einem Jahrzehnt wird angenommen, daß die „Sapientisierung" durch Einwanderer aus Afrika (Eva-Theorie) erfolgt sei. Die schon 1950 auch diskutierte wahrscheinlichste Lösung liegt, wie so oft in der Geschichte, in der „weniger dramatischen" Mitte: Die Sapientisierung wird in der reichen Küstenzone Vorderasiens durch diese „Übergangsfunde" direkt belegt, welche die Merkmale beider Formen in einzelnen Individuen synchron faßbar verbinden. Auf diese Weise würde aus der Hypothese des Aussterbens oder sogar Verdrängt- oder Besiegtwerdens ein lediglich individuell dokumentierter und ortsgebundener genetischer Wechsel. Dies bedeutet zudem nur einen Schritt von Unterart zu Unterart nach biologischen Regeln, mit beidseitig voll fortgesetzter Fruchtbarkeit. Genau diese andauernde Fruchtbarkeit war notwendig, um alle Merkmale der älteren Unterart aus der neuen, im Zeittrend liegenden Entwicklungsstufe nachhaltig und wohl auch rasch herauszufiltern.

Auch hier liegt vor dem eigentlichen Jungpaläolithikum eine Übergangszone, die in der Levante noch vor mehr als 40 000 unkalibrierten C-14-Jahren beginnt. Sie ist vor allem in der langen Abfolge der Höhle Ksar Akil im Libanon zu fassen. Darüber folgen die Inventare des frühen „Levantinischen Aurignacians" oder, nach einer neueren Terminologie, des Älteren Jungpaläolithikums unter der Bezeichnung Ahmarian ab etwa 38 000 Jahren vor heute mit einer hoch entwickelten Klingenindustrie und zugehörigen schlanken Rückenspitzen oder -messern. Es wird um 17 000 vom Kebaran, mit deutlicher Verkleinerung der Formen und einer zunehmenden Geometrisierung, abgelöst. Schon aus dem späteren Ahmarian konnten in einer offenen Zone mit Eichen und Grasland in Israel am Toten Meer erstmals erhaltene Wildgetreidekörner als Sammelgut beobachtet werden. Etwas jünger sind die ersten direkten Nachweise von eßbaren Pflanzenwurzeln in einigen, im trockenen Milieu erhaltenen Stationen Oberägyptens. Im Kebaran selbst tauchen in immer größerer Anzahl kurze Stößel und Mörser auf, die bei der Bearbeitung von Wildgetreidekörnern verwendet wurden. Das intensive Sammeln dieser Nahrung noch vor Ende des Pleistozäns im etwa 12000 v. Chr. (kalibrierte Radiokarbonjahre) einsetzenden Natufian ist in Palästina, Syrien und mit weniger Pflanzenspuren auch im Zagrosgebirge nachweisbar. Es entstehen auf dieser Basis, die zugleich eng mit Gazellen- und Wildziegenjagd verbunden ist, größere Siedlungen von runden stabilen Lehmhütten für länger am Ort verweilende Einzelhaushalte, wenn auch mit variabler Personenzahl, sowie länger belegte zugehörige Gräberfelder. Dort wurden auch die ersten geraden stabförmigen Erntemesser mit eingesetzten Steinklingen gefunden, darunter eines mit einem Gazellenkopf als Verzierung am Griffende.

Wir können damit rechnen, daß während der gesamten Dauer des vorderasiatischen Jungpaläolithikums, einschließlich des Niltales, aus dem wir ebenfalls sehr frühe Gräberfelder mit atavistisch wirkenden Populationen des *Homo sapiens sapiens* kennen, das Sammeln von Pflanzen eine besonders große Rolle spielte. Dabei besaßen die Kornerträge, aber auch Hülsenfrüchte, dank ihrer guten Lagerfähigkeit im trockenen Saisonalklima besondere Bedeutung. Man lernte sicher früh, die jeweils optimalen Erntetermine zu beachten, um so dem Verlust des Sammelgutes durch die vegetative Aussaat nach der Vollreife und der damit verbundenen „Mitbeteiligung“ durch tierische Konkurrenten zuvorzukommen. Zu diesen gehörten nicht nur alle möglichen Nager, sondern auch spezialisierte „fleißige Ameisen“, denen man durch „Ausräuchern“ ihre Beute bequem wegnehmen konnte. Dieses sekundäre Sammeln von Wildgetreide wird noch heute in Nordwestafrika betrieben, und wir wenden es in ähnlicher Weise auch in unserer Zeit weltweit bei wilden oder domestizierten Bienen zur „Honigernte“ an.

In Südostasien setzen sich nach 40000 Jahren vor heute Geröll- und Abschlagkulturen fort, die unter dem Sammelbegriff Hoabinhian laufen. Bifaziell dreidimensional ausgeformte Steingeräte sind selten. Offensichtlich muß hier mit einer umfassenden Verwendung von Knochen-, Bambus- und Hartholzgeräten gerechnet werden, die aber in den tropischen Böden nur schlecht erhalten blieben. Im Dschungel rasch faulende Häute dürften nach Ausweis späterer Analogien durch vielerlei Fasergewebe und Geflechte ersetzt worden sein.

Aus den meist in Höhlen wie auch an Küstenlagerplätzen vorkommenden Stationen wird durch gut erhaltene Pflanzenreste ebenfalls eine rege Sammeltätigkeit dokumentiert. Knochen von Beutetieren bezeugen eine breit angelegte Jagd hauptsächlich auf alle mittelgroßen Säuger, die je nach Situation durch Kleinsäugerbeute, Fischerei sowie das Sammeln von Schnecken und Muscheln ergänzt wird. Fundstellen in den Zonen dichterer, nur periodisch ab 3000 v. Chr. partiell von Pflanzern gerodeter Monsunregenwälder deuten in ihren Abfolgen einen Anschluß an die noch existierenden südostasiatischen Gruppen von Blasrohrjägern an.

Diese kulturellen Traditionen sind in nur leicht veränderter Form, etwa mit häufigeren steilen Kratzern (Pferdehufkratzer), bereits relativ früh nach Australien vorgedrungen. Die ersten Absenkungen des Meeresspiegels im Jungpleistozän während der Isotopen-Klimaphase 4 zwischen 70000 und 60000 Jahren vor heute haben dies wahrscheinlich bereits erleichtert. Allerdings blieben zwischen dem asiatischen Festland, den Philippinen sowie Celebes einerseits und Celebes sowie Neuguinea, Australien und Tasmanien andererseits Tiefwasserzonen, die mutmaßlich mit Flößen überwunden wurden. Denn die ältesten konkreten Funde Australiens lassen sich bereits auf (kalibriert) 40000 bis 35000 Jahre v. Chr. datieren. Die ersten systematisch angelegten, mit Ockerstreuungen versehenen Gräber sind etwa 30000 Jahre alt (ca. 28000 v. Chr.) und bergen Menschen vom Typus des grazilen *Homo sapiens*

sapiens. Andere etwas jüngere Populationen zeigen atavistischere Merkmale. Diese Differenzen kommen auch noch heute in Südasien vor und sind am ehesten als Resultat genetischer Isolationen mit unterschiedlicher Dichte der „Sapientisierung" an Veränderungen der Schädelmerkmale zu sehen, welche sich weltweit noch immer morphologisch fortsetzen.

Die Besiedlung Australiens beschränkt sich zunächst auf die feuchteren, den Einwanderern von Südostasien her vertrauten Küstenzonen mit allerdings zum Teil sehr andersartigen, aber doch sammel-, jagd- und eßbaren Pflanzen und Tierarten. In der atavistischen australischen Fauna kamen die für Menschen gefährlichen Großcarnivoren nicht vor.

Tasmanien scheint trotz der relativ kühlen Verhältnisse, verursacht durch die sich damals im dortigen Bergland ausbildenden Gebirgsgletscher, erst vor etwa 25 000 Jahren kolonialisiert worden zu sein nach dem erneuten Auftauchen der Brass-Straße, welche es heute wieder von Australien trennt. Bei dem raschen Ansteigen des Meeresspiegels nach 12 000 Jahren vor heute wurde Tasmanien offenbar völlig isoliert. Aus dem nordaustralischen Arnhemland stammen die weltweit bisher ältesten kurzen geschliffenen Beilklingen aus Stein, die zwischen unkalibriert 22 000 und 18 000 Jahren vor heute (kalibriert ca. 20 000 bis 18 000 v. Chr.) datiert werden können. Sie sind Umsetzungen von jungpaläolithisch weit verbreiteten Knochenklingen in festeres Material zur Holz- und Rindenbearbeitung, welche in Australien und Neuguinea später eine beachtliche Höhe erreichen. Das auch schon damals relativ trockene Dornbuschland des Kontinents wurde offenbar erst ab 15 000 Jahren vor heute allmählich intensiver genutzt. Die Inventare von Steingeräten blieben dabei völlig unverändert. Vor etwa 6 000 Jahren tauchen erstmals steinerne, gut retuschierte bifazielle Geschoßspitzen, inklusive des rundbasigen Pirri-Typus, auf, welche Bestandteile der auch später in Australien weit verbreiteten, mit Schleudern geworfenen Speere gewesen sein dürften. Erhaltene Fragmente früher, einfacher Steingravierungen stammen aus der gleichen Zeit.

Weniger gut faßbar ist die Einwanderung der ersten Menschen nach Amerika. Die ältesten weit verbreiteten Funde im kontinentalen Amerika werden als „paläoindianisch" bezeichnet. Sie kommen von Alaska bis Patagonien und in den Waldzonen Amazoniens ab 12 000 v. Chr. vor. Schon länger bekannt sind die Großwildjäger der offenen Landschaften des Clovis und Folsoms in Nordamerika mit ihren raffinierten steinernen Geschoßspitzen sowie die „Fischschwanzspitzen-Gruppen" Mittel- und Südamerikas. Die in Nordostbrasilien vor allem durch die Arbeiten von N. Guidon und A. Delibrias seit 1986 bis in der gleichen frühen Zeitebene nachgewiesenen Kulturen von Waldsteppenjägern besitzen Siedlungen unter reich ausgemalten Felsdächern. Sie sind mit großen „kommunalen" und sicher zeremoniell gebrauchten Feuerstellen verbunden. Diese Beobachtungen werden seit 1995 nach langer Zurückhaltung unter dem Eindruck der Befunde in der Höhle Pedra Pintada auch von C. Vance Haynes, dem führenden nordamerikanischen Archäogeologen auf diesem Forschungssektor, akzeptiert. In der Fundstelle von Pedra Pintada, die bis 11 000 vor heute hinabreicht, sind zahlreiche gesammelte Palmnüsse und Früchte nachgewiesen worden, darunter solche, die dort heute noch als Fischköder dienen.

Es gibt einige umstrittene Zeitangaben, die Menschenspuren in den beiden Amerika noch älter datieren: in Yukon-Gebiet bis etwa 22 000 (Bluefish), in den westlichen USA (Meadowcroft) bis 15 000, in Mexiko bis 30 000, in Brasilien (Pedra Furada) sogar bis 50 000 und in Chile (Monte Verde) bis 13 000 und eventuell 30 000 Jahre vor heute. Immerhin können die Daten aus Meadowcroft und die jüngeren aus Monte Verde als akzeptabel gelten. Sie liegen allerdings nach dem Höhepunkt der letzten, in Amerika als „Wisconsin" bezeichneten Eiszeit vor 20 000 Jahren. Damals war der noch enge „eisfreie Korridor" zwischen den Gletschern der Rocky Montains und dem kanadischen Eisschild, der zuvor für weniger als 5 000 Jahre völlig geschlossen war, wieder offen, aber noch wenig attraktiv für eine Durchquerung.

Dennoch gibt es neben den tatsächlich problematischen älteren Datenangaben weitere indirekte hypothetische, aber doch paläohistorisch durchaus tragfähige Argumente für eine frühere Einwanderung:

In allen paläoindianischen Inventaren im kontinentalen Nordamerika südlich des ehemaligen Wisconsineises fehlen feine Klingen und die zugehörigen bootsförmigen Kerne des bis nach Alaska reichenden späten nordsibirischen Jungpaläolithikums. Stattdessen führen sie anfangs in Nordamerika sehr sorgfältig kannelierte bifazielle Geschoßspitzen („fluted points"), die im späten ostnordeurasischen Mittelpaläolithikum um 35 000 vor heute Vorläufer mit ansatzweise kannelierten Formen besitzen. Dazu kommt – und das dürfte noch entscheidender sein – eine völlig andere eigenständige und gröbere Klingentechnik. Diese wiederum ähnelt technologisch derjenigen des späten eurasiatischen Mittelpaläolithikums und ist mit diskusförmigen Restkernen verbunden, welche in der Alten Welt zum letztenmal im Aurignacian um 35 000 vor heute (kalibriert etwa 40 000 v. Chr.) auftreten. Dazu kommen zwei weitere Faktoren:

1. Die sicher vorauszusetzende verbesserte Fähigkeit nordeurasiatischer Gruppen am Rande der Ökumene, mit schwierigen Klimaverhältnissen in der Zone der Mammut- und Renfaunen schon vor 30 000 Jahren fertig zu werden.
2. Die verstärkte Eisbildung am Übergang der Klimazonen 3 und 2 bei noch ausgiebigen Niederschlägen und erst langsam ab 30 000 vor heute zunehmender Abkühlung. Der Meeresspiegel sinkt von den in der Zone 3 wieder erreichten minus 30 Meter rasch wieder auf minus 60 Meter (der Tiefststand um 20 000 vor heute liegt bei 130 m) und die noch schmale Beringlandbrücke wird wieder völlig trocken. Zugleich bleibt die Vegetation durch Abdämmung der arktischen Strömungen an ihrem Südrand fruchtbar genug, um Mammut und Saigaantilope und den mit ihnen wahrscheinlich schon in die „Neue Welt" wandernden Menschen das Passieren zu erlauben. Zur selben Zeit ist der „eisfreie Korridor" südlich von Alaska noch nicht geschlossen, der den Zugang zum wärmeren Süden öffnet.

Vor spätestens 30 000 bis 25 000 Jahren wären damit die ersten sibirischen Mammutjäger mit einer mittelpaläolithisch/jungpaläolithischen Übergangskultur am Südrand des Korridors angekommen, bevor er sich hinter ihnen schloß. In der folgenden Isolation konnten sie ihre eigenen technischen Traditionen ausbauen, zu denen es in der Alten Welt kein Gegenstück gibt. Ihre uns unbekannte Sprache dürfte ebenso Eigenheiten entwickelt haben, wie nach den schwer in echte Zeitangaben umsetzbaren Ergebnissen der Sprachwissenschaften anzunehmen ist. Auch die Schädelmerkmale und Chromosomenanalysen der Kontinentwechsler sollten die Entwicklung eigener Typenformen erkennen lassen, was tatsächlich der Fall ist.

Auffallend ist das scheinbar plötzliche Vorkommen der paläoindianischen Funde in den beiden Amerika zur gleichen Zeit nach dem Überschreiten einer doch wohl vorzuschaltenden kleinräumigeren Startphase im südlichen Nord-, Mittel- und dem nördlichen Südamerika. In diesen Regionen liegen tatsächlich die noch nicht als ausreichend tragfähig geltenden frühen Daten. Außerdem lassen sich nach Rückzug des Eises Vorstöße paläoindianischer Kulturen nach Alaska und in das nördliche maritime Kanada beobachten. Dabei bleiben in jenen Randzonen die älteren Merkmale des Clovis weitgehend erhalten, während im südwestlichen Kerngebiet immer wieder neue lokale Traditionen von Geschoßspitzen mit oft kurzfristig stark genormten Formen auftreten. Aus den Steppenelefantenjägern in den Prärien, die vermutlich seltener die letzten wahrscheinlich sehr verteidigungsfähigen Mastodonten („Zitzenzahn"-Rüsseltiere, in Eurasien schon vor dem Quartär ausgestorben) jagten, waren unterdessen im Nordosten Ren- und weiter im Süden Bisonjäger geworden. Das nordwestliche Mammut und der große südliche Steppenelefant waren auch in Amerika den Belastungen der Wiedererwärmung, der Konkurrenz anderer, schneller reproduzierender Tierarten und dem zusätzlichen Jagddruck der gewandten paläoindianischen Jäger erlegen. Die letzten Mastodonten harrten in den Wäldern des Mittleren Westens der heutigen USA noch weit in das Holozän hinein aus.

In Südamerika sind inzwischen Paläoindianer jedenfalls

schon am Ende des Pleistozäns vor mehr als 10000 Jahren v. Chr. (kalibriert) belegt in den noch feuchten und entsprechend fruchtbaren Waldsteppen der Niederungen, den Hochländern der Anden, der patagonischen Pampas und an den Meeresküsten mit ihren vielfältigen Nahrungsangeboten. Die Jagd umfaßt das ganze Spektrum der verfügbaren Faunen. Auch die vor allem im Süden besser nachweisbaren Sammelpflanzen werden überall genutzt, inklusive Wildgetreide, von denen eine ganze Reihe ab 9000 vor heute bereits kultiviert werden. Das trifft auch für einige leichter zähmbare bejagte Tierarten zu, wie die Lamas als Wollieferanten und Tragtiere oder die nordamerikanischen Truthühner, die heute wegen ihrer Genügsamkeit weltweit immer stärker gezüchtet werden.

Während der hier angenommenen Isolierung der ersten paläoindianischen Kernpopulationen in Amerika zwischen 25000 und 12000 vor heute verändert sich die Technologie der Steingeräte des sibirischen Afontovian nur noch graduell. Die Blattspitzen bilden lokale Sonderformen. Die bootsförmigen Feinklingenkerne kommen von Osteuropa bis zum nordsibirischen Eismeer und in Mittelchina vor. Auch die unscheinbaren Splitter aus der Bluefish-Cave im Gebiet des kanadischen Yukon mit Mammutresten und einem Datum um 22000 vor heute könnten hierher gehören. Bestimmt sind aber die Pferdejäger von Dry Creek in Alaska vor nahezu 12000 Jahren (unkalibriert) eng mit den zeitgleichen ostsibirischen Stationen verbunden. Von hier aus erfolgt gewiß eine endglaziale Ausdehnung dieser Technokomplexe nach Nordosten in die von den Gletschern ab 10000 vor heute freigegebenen arktischen Regionen Amerikas. Sie werden zur Basis der postglazialen paläoarktischen Kulturen des nördlichsten Amerika. Aus den südlicheren paläoindianischen Wurzeln bilden sich nach 10000 vor heute die verschiedenen archaischen protoindianischen Traditionen mit ihren klimagebundenen Spezialisierungen.

VI. Steinzeitliche Neolithisierung

Der zweite Abschnitt (10000 bis 6000 vor heute)

In dem nun zu schildernden zweiten Abschnitt der Steinzeit, der „Neolithisierung", werden die Menschen in vielen dafür geeigneten Gebieten der Erde während nur vier Jahrtausenden erstmals durch bleibende Kultivierung von Pflanzen und Domestikation von Tieren selbst zu Neugestaltern der von ihnen genutzten Ökosysteme. Die Grundlage dazu bilden weiterhin steinzeitliche Techniken. Daß die Vorleistungen dafür schon über Jahrzehntausende im ausgehenden Mittelpaläolithikum und im Jungpaläolithikum der Waldsteppen und Steppen erbracht wurden, haben wir in den vorhergehenden Kapiteln gesehen. Es ist damit eindeutig erwiesen, daß sich Veränderungen in einer älteren Kulturtradition vorbereiten müssen, bis sie schließlich die Schwelle zum Beginn einer neuen überschreiten können. Ob dies je nach eigenem Weltbild philosophisch als „Evolution" gesehen wird oder als „Revolution", ist historisch relativ unwichtig. Die Fakten bleiben gleich, nur die Interpretation erhält unterschiedliche Gewichtungen.

Wieder sieht zuerst der Mythos das Problem der Menschen, die, wie Kain und Abel, Pflanzen und Tiere pflegen und nutzen, für die sie aber auch einer höheren Instanz Dank und Rechenschaft schulden. Es geht um all das, was die Römer – und in dieser Hinsicht auch wir als ihre Erben in Europa – als Grundlagen der „Kultur" verstanden haben. Es geht um den „Ertrag der Scholle" und den „Reichtum an Vieh", die mehr Arbeitseinsatz zur „Produktion" zu erfordern scheinen als zuvor in den „paradiesischen" Zeiten der Sammlerinnen und Jäger. Doch wie für die Autoren des Alten Testaments war auch für die Staatshistoriker Roms die Landwirtschaft schon längst nur ein Teil, wenn auch der „primäre", eines viel komplexeren Ökosystems. Dabei können wir hier die Silbe „öko" zugleich als „ökologisch" wie auch als „ökonomisch" verstehen. Diese beiden Begriffe sind viel unlösbarer miteinander verbunden, als die gegenwärtige politische Diskussion es oft wahrhaben will. Sie bilden keine Gegensätze, sondern sind integrierte Teile der jeweiligen Systeme, ihre Gewichte mußten und müssen allerdings immer wieder neu austariert werden, wenn keine umfassenden kurzfristigen oder gar unabänderlichen Schäden entstehen sollen. Ständige graduelle Veränderungen dagegen sind in einem vor allem entlang der „Zeitachse" offenen „historischen" Ablauf unvermeidbar und für dessen Erhaltung als „Weg in die Zukunft" unabdingbar. Zu diesen notwendigen Veränderungen zur Erhaltung allen komplexeren Lebens gehört auch der Tod des Individuums, der uns schon in der Botschaft aus dem Schacht von Lascaux begegnet ist.

Der bleibende Mythos der „Neolithisierung" beginnt in seinen ersten Ansätzen damit, daß Menschen neue und stabile Verhaltensmuster „anderen" Lebens zu ihrem Nutzen akzeptieren, die es so zuvor nicht gab. Dies trifft wahrscheinlich schon früh beispielsweise auf den Schakal zu, der „auf den Menschen kam". In fast allen mittelpaläolithischen Faunen der Alpenhöhlen tritt er auf, wo er vermutlich die Beutereste, aber auch die Ausscheidungen sowohl der jagenden Neandertaler als auch der Höhlenbären verzehrte. So tut er es noch immer im anatolischen Hochland oder in Metropolen wie Los Angeles. Schakale sind mit derartigen Putzarbeiten heutzutage sogar als „Festangestellte" im großen Gehege der Braunbären im Tierpark von Bern beschäftigt, das daher immer „sauber" ist. Es ist durchaus denkbar, daß schon Mittelpaläolithiker gelegentlich Jungschakale hielten, die ihnen als intelligente Warner und Jagdhelfer nützlich waren. Die Schakale sahen sich durch ihre verhaltenspsychologische Vorprägung, wenn sie nur jung genug aufgenommen wurden, unweigerlich als Mitglied „ihrer" wenn auch sonst aus etwas merkwürdigen Zweibeinern bestehenden Gruppe. Auch andere, durch ihre Mütter und Geschwister schon auf Gruppenverhalten trainierte Jungtiere, wie Frischlinge, Wolfwelpen oder Jungvögel, dürften schon früh problemlos gehalten worden sein. Bei ihnen ging es dann um die Optimierung des Schlachtgewichts bis zum Herbst. Bei Ziegen- und Schaflämmern war der Aufwand wegen ihrer Tendenz zum Streunen schon größer. Das trifft noch mehr für Gazellen, Hirsche und Rehe zu, die alle undomestiziert blieben. Die Mühe, sich Fleisch durch die Haltung einiger Bären oder später durch die ersten Rinderzuchten zu verschaffen, war noch größer, aber dank der Menge des Fleisches ökonomisch vertretbar und zugleich von allerlei Ritualen begleitet. Bei der saisonalen Haltung von jungen Wildtieren, wie etwa durch Verbauungen in einer Höhle gehaltene Wildziegen oder Wildlämmer (Spuren solcher Verbauungen finden sich in mittel- und jungpaläolithischen Höhlenstraten), konnten mit der Pflege der Tiere auch alte Menschen, die zum Sammeln und Jagen nicht mehr beweglich genug waren, zur Ernährung ihrer Gruppe beitragen. Auch der im irakischen Shanidar respektvoll auf einem bequemen Gras- und Blumenlager bestattete Neandertaler (der entsprechende Pollenfund ist nicht klar genug, um wirklich planmäßige Beigaben von Blumen zu dokumentieren) mit seinem von Geburt an verkrüppelten Arm könnte bei der Haltung von Wildziegen als spezieller Leistung seinen Unterhalt verdient haben als ein früher, den übermenschlichen Mächten wohlgefälliger Hirte, wie Abel es war. In den dortigen Bergländern sind damals bereits Wildziegen die wichtigsten Beutetiere.

Viele Analogien bei historischen sibirischen Völkern weisen auf derartige Haltung von Wildtieren hin. Frühe Reisende, die das zum Teil für Zauberei halten mußten, waren sehr beeindruckt von den nach dem Ausschlüpfen auf Menschen geprägten, frei laufenden Wildgänsen oder von den jungen, später erwachsenen und dann in Stangenkäfigen gehaltenen und zuletzt unter Durchführung großer Zeremonien geschlachteten Bären.

Wie wir oben sahen, sprechen die Reste von Sammelfrüchten und der Sichelglanz an den Messern schon im Middle Stone Age und Mittelpaläolithikum sowie im ganzen späteren Jungpaläolithikum und Late Stone Age für ständig wachsende weltweite Erfahrungen mit der Nutzung von Pflanzen. Im Laufe dieser Entwicklung kam zweifellos hinzu, daß diese Pflanzen an ihren natürlichen Standorten durch Auslichten der übrigen dortigen Flora gefördert wurden, wie das für den Wildreis, die Haselsträucher und viele andere Nußbäume in verschiedenen Klimazonen oder auch für wilde Obstbäume noch heute überall üblich ist, wo sie natürlich wachsen. Es ging zugleich darum, den tierischen „Mitessern" beim Ernten der reifen Wildpflanzen zuvorzukommen, also rechtzeitig vor dem Ausfallen der Nüsse oder Körner.

1. Fische, Ziegen, Schafe, Getreide und Hülsenfrüchte im Vorderen Orient und auf dem Balkan

Die ersten genetisch bleibend veränderten Haustiere und Anbaupflanzen im westlichen Eurasien konzentrieren sich in der Region der Waldsteppen im Gebirgsbogen nördlich von Mesopotamien, wo es seit mindestens 50000 Jahren entsprechende nutzbare Pflanzengesellschaften und schon früher auch Wildformen von Ziege und Schaf gab.

Das etwa 13000 v. Chr. in Palästina und Syrien einsetzende „spätpaläolithische" Natufian spielt hier mit einem hohen Anteil von Wildgetreidenutzung (s.a. S. 87) eine Vorreiterrolle. Nachweisbar sind Wildformen von Emmer, Einkorn und Gerste, sowie zahlreiche steinerne Mörser und Stößel für die arbeitsintensive Aufbereitung der gut zu lagernden gesammelten Körner. Dieses Getreide muß zusammen mit dem Jagdwild wie Gazellen, Ziegen, Schafen und Auerochsen (Uren), der ausgestorbenen Wildform der meisten Hausrinder, aber auch je nach Lage der Siedlungen mit Fischen, Muscheln und Vögeln einen erheblichen Teil der Ernährung gesichert haben. Jedenfalls kommt es zur Anlage erster Dörfer mit runden Einzelhäusern und zugehörigen Gräberfeldern: Anzeichen längerer saisonaler oder auch ganzjähriger Seßhaftigkeit. Die Pflege des Wildgetreides an seinen natürlichen Standorten dürfte schließlich auch durch planmäßige Aussaat ergänzt worden sein. Dabei wirkte sich die Verwendung von den im Natufian nachweisbaren langstieligen geraden Erntemessern auf das Erntegut aus. Denn beim Schnitt hatten fester haftende Körner bessere Chancen, geerntet zu werden, als lockerer sitzende. Es erfolgte damit bei der Wiederaussaat dieser „stabileren“ Körner eine Selektion gerade jener Eigenschaften, die für die frühen kultivierten Getreidearten bereits typisch sind und genetisch tradiert werden. Derart „stabilisiertes“ Wildgetreide konnte auch profitabler an nur zeitweilig feuchteren und bewässerbaren Standorten angebaut werden.

Domestizierte, kontinuierlich angebaute Pflanzen (Einkorn, Emmer, Gerste, Erbsen, Linsen und Flachs) lassen sich in der von Kathleen Kenyon erstmals 1952–1958 untersuchten frühesten Siedlungsschicht von Jericho am Rande der Jordansenke in Jordanien schon seit nahezu 9000 v. Chr. (kalibriert) im sogenannten Präkeramischen Neolithikum A nachweisen. Sie wird von endpaläolithischen Schichten unterlagert. Neben einfachen und mikrolithisierten geschlagenen Klingengeräten, die ältere örtliche Traditionen fortführen, kommen die ersten kleinen Steinbeilklingen für komplexere Zimmermannsarbeiten vor, ganz im Sinne des Neolithikums als Periode des geschliffenen Steins. Die aus Lehmziegeln gebauten Rundhäuser nehmen wahrscheinlich 4 ha ein und werden von einer partiell aufgedeckten, 3 m starken Steinmauer mit zugehörigem Graben umgeben. Diese bot zugleich auch Schutz gegen plötzliche Murgänge (Bergrutsche), wie sie z.B. gerade 1997 mit schweren Schäden in der sonst so trockenen Levante auftraten. Besonders auffallend ist unter den Bauten ein 9 m hoher und 10 m dicker, nach oben leicht verjüngter Turm mit Innentreppe, dessen Funktion unklar bleibt und der möglicherweise Basis und Kern einer größeren Holz- oder Lehmziegelkonstruktion gewesen sein könnte. Auch wenn noch nicht feststeht, ob die Dorfbevölkerung schon 600 Köpfe und damit etwa 120 Haushalte zählte (s. S. 109), ist dieser Bau nur als Gemeinschaftswerk denkbar, der mutmaßlich als zentrales Heiligtum der ganzen Talschaft gedient haben könnte, wie das auch O. Bar-Yosef bei seinen Nachuntersuchungen vermutet hat. Ähnliches, wenn auch in ganz anderen vorneolithischen Formen, ist uns im Jungpaläolithikum begegnet (s. S. 78 u. 80). Die oft kopflosen Skelette der Toten wurden in den Häusern begraben.

Nicht selten wurden die Schädel der Verstorbenen mit aus Ton geformten Maskenabbildern ihrer Gesichter bedeckt und separat deponiert, dies gewiß zur verehrenden Sicherung der Individualität der Ahnen und als Erinnerung an sie und ihre hilfreichen Seelen. Dieses Ritual unterscheidet sich deutlich von den Beisetzungen in früheren Natufian-Gräbern, wie etwa in Ain Mallaha in Israel. Dort finden wir noch durchwegs Gräber mit vollständigen Körpern sowie Rötelstreuungen und gelegentlichen Beigaben von Figuren, ganz im traditionellen jungpaläolithischen Stil. Haustiere sowie Keramik fehlen in der oben erwähnten Siedlungsschicht von Jericho ganz, die aber in ihrer massiven Konstruktion für lange Zeit einzigartig ist. Dagegen wird weiträumiger Handel faßbar, wie er sich im Jungpaläolithikum lediglich indirekt für Schmuck aus Muscheln und Schnecken erstmals beobachten ließ. Nun kamen Obsidian aus der südlichen Türkei, Türkis aus dem Sinai, Grüngesteine aus Jordanien, Muscheln vom Roten Meer sowie Salz, Teer und Schwefelminerale vom Toten Meer hinzu.

Ähnliche Entwicklungen gibt es in Nordsyrien, wo in einer ersten Siedlung des vorkeramischen Neolithikums etwas später die Rundbauten der Tradition des Natufian durch die ersten viereckigen Häuser ersetzt werden, die immerhin eine Fläche von 2 ha, also etwa 200 mal 100 m, bedeckten. Um 7000 v. Chr. (kalibriert) hatte das präkeramische Neolithikum nördlich des alten Kerngebietes eine breite Zone vom östlichen Zagrosgebirge bis fast zur Mündung des Tigris und im Westen bis weit nach Mittelanatolien eingenommen. Das Team von R. Braidwood vom Oriental Institute der University of Chicago hatte schon in den fünfziger Jahren in Jarmo im nordöstlichen Irak unter Einsatz archäobotanischer Methoden das Vorkommen der kultivierten Nutzpflanzen Emmer, Gerste, Erbse und Linse nachweisen können. In Ali Kosh im südwestlichen Iran, am Rande der Tigrisniederung, ergruben F. Hole und K. Flannery, Schüler Braidwoods, eine Abfolge dieser Pflanzennutzung von 8000 bis 4000 v. Chr. Die frühen Ziegenfunde zeigen noch keine klar faßbaren, die Knochen betreffenden Domestikationsmerkmale, deuten aber auf überdurchschnittlich viele junge Böcklein hin, wie dies bei Hausziegen der Fall sein würde. Später überwiegen Hausschafe, die im feuchtwarmen Umland besser zu halten waren. Kultivierte Pflanzen sind vor allem Emmer und Gerste, aber nachgeordnet auch Einkorn, Linse und Flachs als Ölsaat und Faserpflanze. Die Jagdfauna umfaßt Ur, Wildschwein und Gazelle, dazu Wasservögel und bei der Fischwaid Wels bis Karpfen, schließlich Schildkröten und gesammelte Muscheln. Um 6000 v. Chr. hatte Keramik die älteren Steingefäße und die mit Asphalt abgedichteten Körbe ersetzt. Tonfiguren von Tieren und Menschen erscheinen häufiger. Die Lehmziegelbauten werden größer und besitzen ein stabilisierendes und isolierendes Steinfundament. Kultivierte Pflanzen stellen jetzt 40 %, und domestizierte Tiere, vor allem Schafe, 50 % der Funde. Der Anteil des Obsidians als eingehandeltes Rohmaterial von Steingeräten steigt von 1 % auf 2 bis 3 %, und Kupfer kommt als erstes Metall vor. Dessen früheste Nutzung in Anatolien und Mesopotamien wird auf 6500 v. Chr. (kalibriert) datiert. Die Revision der kalibrierten Datierungen nach C. Renfrew und P. Bahn scheint in der westlichen Alten Welt danach noch zwei unabhängige Zentren für den Beginn der Kupferverarbeitung nachzuweisen, nämlich um 4500 v. Chr. im Balkan und um 3500 v. Chr. auf der iberischen Halbinsel. Damit wäre auch der Beginn des Chalkolithikums als jüngerer Teil des Neolithikums keineswegs „monozentral".

In mancher frühen Siedlung finden sich regelrechte Kultschreine, wie in Ain Ghazal in Jordanien, am Rande von Amman, im vorkeramischen Neolithikum B zwischen 7000 und 6000 v. Chr. Dabei handelt es sich um Depots von Figuren. In einem Schrein lagern 20 bis zu 90 cm hohe menschliche Figuren aus Schilfkernen, bedeckt mit Kalkzement, der zuvor in Kalkgruben mit 750 Grad gebrannt worden war. In einer zweiten Gruppe unter einem Hausboden fanden sich nochmals zwölf Figuren und dreizehn Kopfbüsten von bis zu 50 cm Höhe, in der gleichen Technik hergestellt. Daneben tauchen bereits (wiederum noch vor der Herstellung von Gefäßen!) kleine keramische Figuren auf: vor allem Rinder, wenige Schweine und Ziegen, aber auch zum Teil geometrisch bemalte, unbekleidete weibliche Figuren. Besonders interessant sind keramische „Token“, kleine „Spielkörper“, in Zylinder-, Kugel oder Kegelform, die es auch schon im Natufian gab, und die als Zähljetons gelten. Sie sind später hohl, mit Objektsignaturen in Bildern und Keilschrift versehen und wohl als Vorstufen der Registerschriften anzusehen.

Die Häuser waren aus verputzten, an der Basis bis zu 60 cm dicken Doppelsteinwänden mit Zwischenfüllung gebaut. Sie sind innen bemalt. Die Körper von 80 Toten, nicht selten ohne Schädel, wurden meist in der Nähe der Herdstellen begraben, während vier der Schädel wieder mit nachgeformten Gesichtern zusammen in einer Grube gefunden wurden. Ein gutes Viertel der Bestattungen waren Kindergräber und ein knappes Viertel Gräber von Menschen mit einem „biotischen“ Alter von über 50 Jahren. Neuere Untersuchungen zeigen, daß morphologisches und kalendarisches Alter je nach Belastung der Toten im Leben keineswegs identisch sein müssen. Wandmalereien und Appliken von Rinderköpfen in kapellenartigen Räumen wurden in Çatal Hőyük im südlichen Mittelanatolien (dem Herkunftgebiet des Obsidians) von J. Mellaart ergraben und unter wissenschaftlichen Gesichtspunkten nicht ganz unproblematisch frei ergänzt.

Im Tiefland von Mesopotamien, dem späteren Sumer, beginnt außerhalb der für die Wildgetreide notwendigen Niederschlagsbereiche offenbar schon der erste bewässerte Feldbau mit einem höheren Organisationsaufwand, welcher die Wurzel der dort ebenfalls sehr früh entstehenden Siedlungen bildet. Von diesen ist bisher nur das schon um 5 400 v. Chr. beginnende Eridu durch Grabungen an seiner über einem ersten kleinen Tempel über Jahrtausende als künstlicher Treppenberg ausgebauten Zikkurat (einer Art Stufenpyramide) besser bekannt.

Läßt man die gesamten bekannten Fakten 1997 Revue passieren, so ist etwa folgender Ablauf der Neolithisierung anzunehmen: Die pflegerische Haltung von Tieren und Pflanzen ist eine wahrscheinlich schon mittelpaläolithische Tradition seit 50 000 oder mehr Jahren, die sich im Laufe des Jungpaläolithikums mit wachsenden Erfahrungen über viele Generationen von Frauen und Männern hinweg verstärkt und differenziert. Im Grunde sind es weiter ausgebaute Vorratsstrategien mit Tieren und Pflanzen, die lebend gehalten nicht so rasch verderben und auch leichter verfügbar sind. Der schließlich gezielt erfolgende Feldbau und die ständige Tierhaltung verursachen zwar Arbeit. Aber diese neue Art von Arbeit ist zyklisch besser zu planen und bietet im Regelfall bei konsequenter Anstrengung vor allem psychisch größere Sicherheit, solange im Notfall auf Sammelpflanzen und Wildtiere ausgewichen werden kann. Damit werden vor allem die Frauen von ihrer mit zunehmender Entfernung vom Lager immer gefährlicher werdenden und auch enorme Tragleistungen erzwingenden Sammeltätigkeit entlastet. Dabei ist zu beachten, daß die Mütter ihre kleineren Kinder wegen des Stillens mit sich tragen müssen. Diese zusätzliche Tragarbeit, die auf die Dauer häufig das Skelett schädigt, hat selbst R. B. Lee bei seinen langjährigen Studien der Buschfrauen und -männer zunächst übersehen, wie er in der zweiten Auflage seiner Monographie über die ‚Kung' einräumte. Doch was Wunder, wird doch selbst heute noch weltweit die Hausfrauenleistung in das Sozialprodukt nicht eingerechnet, dafür aber alle konvertierbaren Größen von der Waffenproduktion bis zu den Versicherungswerten der Folgen von Verkehrsunfällen, wo fallweise und zögerlich die Hausfrauenarbeit endlich in die Bewertung einfließt.

Die Neolithisierung macht vor allem zunächst den Frauen das Leben leichter, solange es nur um die schiere Subsistenz in egalitären Gesellschaften geht. Dort haben auch sie stets mehr Eigenrechte (s. S. 132). Sie können sich jetzt stärker den Kindern widmen. In den stabileren Häusern und bei regelmäßigerem Leben in langfristiger belegten Bauten sinkt die Kindersterblichkeit auffallend. Wir werden im Schlußkapitel darauf zurückkommen. Es spricht demnach alles dafür, daß die Neolithisierung erst und vor allem in psychologischer Hinsicht die für den folgenden Bevölkerungsanstieg notwendigen Voraussetzungen schafft.

Um 6000 v.Chr. sind bereits weite Teile des Balkans neolithisiert. In der schon vor gut 20000 Jahren mit jungpaläolithischen Hirsch- und Pferdejägern beginnenden Abfolge in der südgriechischen Franchthihöhle tauchen nach einer langen Sequenz von epipaläolithisch/mesolithischen Jäger- und Fischerkulturen bereits vor knapp 9000 Jahren die ersten Belege für kultiviertes Getreide wie Weizen und Gerste sowie für domestizierte Schafe und Ziegen auf, die aus der Türkei eingeführt worden sein müssen. Auch in dem auf etwa 6500 v. Chr. datierten präkeramischen Fischer- und Hirschjägerdorf Lepinski Vir am Eisernen Tor der Donau kommen bereits domestizierte Schafe vor.

Die frühe Keramik in Griechenland ist mit der zeitgleichen in Anatolien, der Levante und in Mazedonien vor 8000 Jahren, mit roter Bemalung auf hellem Grund, teilweise identisch. Eine andere weiße Bemalung und die „Fingertupfen"-Verzierung (welche durch Eindrücken der Fingerspitzen im noch ungebrannten Ton erzeugt wird) verbindet sie dagegen wieder mit Mazedonien und Bulgarien. Die Häuser sind im Gegensatz zum Orient, wo sie Wand an Wand geschlossene Komplexe mit zentralen Höfen bildeten, durchwegs einzeln gestellt. Die Grundkonstruktion besteht aus Schilf und Zweigen, die beidseits mit dicken Tonlagen verputzt werden. Der Grundriß ist quadratisch mit maximal 8,0 m Kantenlänge.

In Jugoslawien und Ungarn kommen Keramikstile vor, die offenbar von Kürbisgefäßen abgeleitet werden und neben einfarbigen Bemalungen auch geritzte Bänderverzierungen aufweisen.

Neben kultivierten Getreiden, Hülsenfrüchten sowie Öl- und Faserpflanzen werden weiterhin in erheblicher Breite gesammelte Wildpflanzen gefunden. Ziegen und Schafe werden durch domestizierte Schweine und Rinder ergänzt, die zumindest in Kreta, wo keine Wildrinder vorkamen, importiert worden sein müssen. Dagegen mag die Domestikation von Schweinen wegen der weiten Verbreitung von Wildformen und deren leichter Prägung auf den Menschen an vielen Orten stattgefunden haben.

Im fruchtbareren Niltal herrscht die Sammelwirtschaft noch lange vor und wird in größerem Umfang erst nach 6000 v. Chr. durch Pflanzerkulturen und Viehzüchter ergänzt, die im Norden auch relativ früh domestizierte Rinder besitzen. Dabei ergibt sich von Anfang an eine starke Verdichtung auf das schmale, aber sich jedes Jahr selbst wieder mit Überschwemmungsschlamm düngende Niltal zwischen im Lauf der Zeit immer trockener werdenden Steppenzonen. Die früheste Keramik Ägyptens ist rot durchgefärbt und allenfalls mit schwarzen Flächenzonen verziert. Steingefäße bleiben nach wie vor in Gebrauch.

2. Fischer, Pflanzer und Viehzüchter im Mittelmeerbecken

Während der vordere Orient und Griechenland zum Kerngebiet der präkeramischen „autonomen" Neolithisierung gehören und zusammen mit dem Niltal eine großräumige frühe keramische neolithische Provinz bilden, sieht dies im übrigen Mittelmeerbecken anders aus. Wie oben erwähnt, haben auch Griechenland und Ägypten die frühesten domestizierten Tiere und kultivierten Pflanzen offenbar weitgehend aus dem Orient übernommen. Dasselbe geschah an den zweifellos schon mit Booten befahrenen Küstenregionen des Mittelmeeres. Dort hatten sich bereits im beginnenden Holozän stark maritim orientierte Fischer- und Jägerkulturen ausgebreitet, die sogar in der Lage waren, die im Tiefwasser lebenden Thunfische zu fangen. Nach H.-P. Uerpmann übernahmen sie noch vor der Keramik im 7. Jahrtausend v. Chr. das damals in Anatolien gegenüber der Ziege schon vorherrschende Schaf, das zudem in Booten sicher leichter zu transportieren war. Dazu kam der schon stärker ausgezüchtete Nacktweizen. Bis zur Mitte des 6. Jahrtausends v. Chr. (kalibriert), also vor 7500 Jahren am Beginn der durch die Florenstufe des Atlantikums definierten bisher wärmsten Phase des Holozäns, wuchs dieses Getreide bereits in ganz Italien und war in Südfrankreich weit ins Hinterland verbreitet. Damals hatte der wieder ansteigende Meeresspiegel etwa seinen gegenwärtigen

Stand erreicht. Rund 500 Jahre früher lassen sich die ersten Fundplätze der mit Eindrücken von Muschelkanten verzierten „Cardial"-Keramik datieren, welche die Grundlage aller späteren Entwicklungen der Keramik in Nordafrika, Spanien und Südfrankreich ist. Der Haustierbestand setzte sich überall aus Schaf, Schwein und Rind zusammen, Anbaupflanzen waren Getreide, Hülsenfrüchte sowie Öl- und Faserpflanzen, die wohl vorwiegend aus dem Orient und Griechenland übernommen wurden. Allenfalls könnten Rinder und Ziegen auch von Ägypten her nach Nordwestafrika gekommen und sogar autonom domestiziert worden sein. Im damals noch niederschlagreichen Nordteil der heutigen Sahara sind Rinder- und Kleinviehzucht rasch eingeführt worden, wie auch in den Felsbildern zum Ausdruck kommt, die immer häufiger Szenen von Herden, Jagd und auch bald Kämpfen zeigen. Die Rinderzucht hatte um 7000 vor heute im Hoggargebirge bereits ein besonderes Zentrum. Sie konnte sich bis zur stärkeren Austrocknung der Sahara um 2500 v. Chr. dort halten, wobei sie zum Schluß auf die letzten verfügbaren größeren Wasserstellen konzentriert war, wo auch die jüngsten Bilder von Rinderherden zu finden sind. Die Viehzüchter wichen damals nicht nur in das südliche Grasland, sondern auch nach Osten in den Sudan, das untere Niltal und das Nildelta aus. Weizen und Gerste wurden in Ägypten südlich des ersten Nilkatarakts nicht angebaut. Die Neolithisierung des subsaharischen Afrika fand ihre ersten Ansätze durch diese einwandernden Viehzüchter und entwickelte sich auf der Basis einheimischer Wildpflanzen nach 6000 vor heute weiter. Sammlerinnen, Jäger und Fischer setzten daneben unverändert, wenn auch mit verbesserten Waffen, zu denen nach Ausweis der Felsbilder neu Pfeil und Bogen gehörten, ihre alten kulturellen Traditionen fort.

3. Gerste, Baumwolle und Rinder am Indus; Hirse, Reis und Schweine in China

In Pakistan erhalten sich archäologisch erfaßte protoneolithische Kulturen auf dem Hochland von Kachi, 200 km westlich vom Industal, bis etwa 6000 v. Chr.. Es wurde intensiv Wildgerste gesammelt und Jagd betrieben. Die untersuchten Dörfer bestanden aus mehrräumigen rechteckigen Häusern. Später traten dort zusammen mit der ersten Keramik voll kultivierte Getreide wie Gerste und Weizen sowie Datteln auf. Auch endgültig domestizierte Ziegen, Schafe und Rinder wurden gehalten, die sich durch ihre verringerte Größe von den Wildformen unterschieden. Nur der ebenfalls auftretende kultivierte Weizen dürfte von Westen her übernommen worden sein. Das gilt sicher nicht für die Baumwolle, deren weltweit bisher frühestes Vorkommen auf dem Hochland von Kachi um 5000 v. Chr. nachgewiesen werden konnte.

In der bisherigen Hauptfundstelle Mehrgarh hatte sich dort ein Ort etabliert, der aus einem Wohnbereich mit integrierten Speichern bestand. Getrennt davon gab es große runde Feuerstellen für die Erhitzung von Kochsteinen, mit denen sicher Fleisch und Gemüse in abgedeckten Gruben gegart wurden. Um 6000 vor heute war aus dem Ort eine sich über Dutzende von Hektar erstreckende Handwerkersiedlung von durchaus protostädtischem Charakter, noch ohne zentralen Palast, Tempel und Mauerring, geworden. Dort wurden nicht nur Drehscheibenkeramik, sondern in riesigen Serien auch Perlen aus Jaspis, Lapislazuli, Türkis und anderen Gesteinen produziert. Wie im Orient und auf dem Balkan wurde Kupfer geschmolzen und durch Guß zu Werkzeugen geformt. Das „Chalkolithikum" als sonst noch steinzeitlicher Übergang zum „ehernen Zeitalter", der Bronzezeit als erster Stufe der Metall-Epoche, hatte weiträumig begonnen.

Erste neolithische Ansätze im übrigen indischen Subkontinent zeigen sich mit einfacher Keramik, dem offensichtlich regional domestizierten Zeburind und der kultivierten Hirse etwa in dieser Zeit erst am Unterlauf des Ganges. Im übrigen leben dort sammlerische und jägerische Traditionen, unter weiterer Verkleinerung der Steingeräte aus zerlegten Feinklingen, die als Einsatzschneiden dienen, fort.

Anders wieder in China: schon im 6. vorchristlichen Jahrtausend beginnt am mittleren Huang Ho mit dem Yangshao ein eigenständiges Neolithikum mit Hunderten von Dörfern. Es weist kultivierte Hirse, domestizerte Schweine und auch als Nahrung dienende Hunde sowie rotschwarz dekorierte Keramik auf. Diese ist mit geometrisch vereinfachten Fischen, Jagdwild und „en face" ausgerichteten Dämonengesichtern verziert. Von Westen her importiertes kultiviertes Getreide wie Weizen und Gerste weist auf weiträumige Kontakte hin. In südlicheren Siedlungen erscheint schon vor mehr als 7000 Jahren vor heute auch erstmals der autochthon kultivierte Reis.

Ein typisches frühes neolithisches Dorf ist Ban Po Cun südlich des mittleren Huang Ho. Hier sind viereckige und runde Häuser von 3 bis 5 m Durchmesser mit ein bis zwei Feuerstellen meist knapp einen Meter in den Untergrund eingelassen. Dies könnte wieder für ein bis zwei Haushalte innerhalb eines Gebäudes sprechen. Ein größeres Haus auf 12,5 mal 20,0 m Fläche wurde in der Endphase des aus etwa 100 nicht unbedingt gleichzeitigen Häusern bestehenden Dorfes errichtet. Es wird als zentrales Kommunalhaus gedeutet, in dem vermutlich von Ritualen begleitete, den Zusammenhalt stabilisierende Feste gefeiert wurden. Die als Erwachsene verstorbenen Toten wurden mit unterschiedlichen, differenziertes soziales Prestige anzeigenden Beigaben außerhalb des von einem Graben gesicherten Dorfes in einem Gräberfeld bestattet, Kinder in großen Gefäßen nahe bei den Häusern.

4. Bandkeramiker, Pfahlbauern und Megalithiker in Mitteleuropa

Erst nach 6000 v. Chr., also vor weniger als 300 Generationen, kommt es mit der Entstehung der bandkeramischen Kultur als völlig neue eigenständige Einheit zur ersten Neolithisierung Mitteleuropas. Schon um 5300 v. Chr., nach etwa 20 Generationen, reicht sie von der Drau bis zum Mittelrhein, und von der oberen Elbe und Südpolen in der dortigen Lößlandschaft in einer schmalen Zunge über die Weichsel hinweg bis an den Bug. E. Sangmeister hat die Bedeutung ihrer Mutterkultur, des in Südungarn und Serbien auftretenden Körös, verdeutlicht, deren Schlußphase sich mit der Frühphase der Bandkeramik überlappt. Der Archäologe bildet also auf der Basis von Gefäßformen und ihrem Dekor Stilregionen, die in ihrer Abgrenzung oft überscharf wirken. Vor allem dort, wo sie sich mit Auswanderern in Neuland vorschieben.

Die ersten vier, fünf Jahrhunderte der neuen bandkeramischen Kultur wirken weit einheitlicher als die vier der jüngeren Periode, die von unterer Donau und unterem Dnjester bis an die untere Elbe, den unteren Rhein, fast an die Seinemündung, die untere Loire, den obersten Doubs und den Oberrhein reicht. Sie bleibt eine Inlandkultur, welche die Küstenregionen meidet. In der älteren Periode herrscht die Tradition der balkanischen Hockergräber vor. Tiergefäße (Schafwidder, Stiere u.a.) werden neben weiblichen Idolen noch relativ häufig produziert. In der jüngeren Phase überwiegt die Rückenlage der Toten in der Tradition der mitteleuropäischen, epipaläolithisch-mesolithischen Fischer und Jäger. Daneben gibt es erste Brandgräber. Die Keramikstile lösen sich in dem jetzt gewaltigen Areal, mit Ausnahme aller Küstengebiete, in regionale Varianten auf.

Die jüngere Bandkeramik ist in Deutschland anläßlich der gewaltigen Oberflächenabtragungen des Braunkohletagbaus im Rheinland auch auf der Aldenhover Platte weiträumig untersucht worden. Die Besiedlung der Eichenmischwaldzone auf seit der Eiszeit noch wenig tiefgründig entwickelten Lößböden begann nach J. Lüning und P. Stehli, die sich dafür auf die Mikrostratigraphie der Dekorabfolge der Keramik (unter frühem Einsatz der EDV) stützten, auf zunächst kleineren Rodungsflächen mit zwei, drei großen Langhäusern und direkt anschließenden Ackerfluren, abgesetzt vom Bachtal mitten im Lindenwald. Die Kernsiedlung vergrößerte sich auf sieben Häuser, mit entsprechend wachsendem Feldareal, das bereits durch Verbuschung seine partielle Übernutzung anzeigte. Drei weitere Häuser rückten talwärts an den Rand der Mischwälder aus Eiche und Linde sowie Ulme und Linde, letzterer eine wegen der Ulme bevorzugte Zone für die Waldweide, speziell der Rinder. Ein Einzelgehöft wurde gleichzeitig im Lindenwald angelegt mit eigener, auf der ebeneren Fläche vor Erosion besser geschützten Feldflur; deren Fläche lag vermutlich etwa bei einem Hektar. Am Ende waren noch sechs Häuser vorhanden, nachdem zuvor ein Maximum von fünfzehn am Merzbach errichtet war, zu denen ein auch aufgefundenes Gräberfeld gehört. Die Bevölkerungsdichte in den Siedlungsräumen wird mit 16 Köpfen pro km^2 geschätzt (s.a. S. 184). In der Endphase wurden zwei Erdwerke errichtet, die wohl vor allem Ritualfunktionen, aber nötigenfalls auch Verteidigungszwecken dienten: eine Kombination, die später ähnlich in Wehrkirchen als Produkt gemeinsamer kommunaler Arbeit wiederkehrte.

Auch der Waldviehtrieb war wohl schon aus Sicherheitsgründen kommunale Aufgabe, wie viele jüngere Analogien in ähnlich einfachen Gesellschaften zeigen. Daß die Sozialstruktur noch egalitär war, läßt sich ableiten von der prinzipiellen Gleichheit der nur in der Größe variierenden Häuser sowie der nur wenig variierenden Grabformen und -beigaben. Das zu vermutende unterschiedliche individuelle Prestige (s. S. 130) der frühen Pflanzer wird nicht erkennbar. Offen bleibt freilich, wie viele Menschen in den im Schnitt 30 mal 6 m großen, mit steinernen Äxten und Beilen (Schuhleistenklingen) sorgfältig und massiv gebauten Häusern wirklich lebten. Der meist gegen Nordwest ausgerichtete Wohnteil von etwa 6 mal 10 bis 12 m bietet auch Raum für zwei Haushalte, also entsprechend den Normen, die sich aus modernen Analogien und anderen archäologischen Befunden ableiten, für etwa 2 mal 5 plus/minus 2 Menschen, das heißt insgesamt zwischen sechs und vierzehn Individuen. Wie die innere Struktur der Häuser aussah, ist unbekannt, da in keinem einzigen der Hunderte von bandkeramischen Bauten der Laufboden erhalten blieb.

Dies ist der eindeutige Beweis für die enorme Erosion der Oberfläche in den bandkeramischen Siedlungsplätzen, die denn auch schon um 4900 v. Chr. zur Auflösung dieser Kultur auf den alten Plätzen mit beiträgt und zur Neubildung unterschiedlicher lokaler Nachfolger an anderen Standorten.

In ihrer westlichen Grenzzone war die älteste Bandkeramik schon mit anderen neolithischen Einflüssen konfrontiert worden: nämlich mit der Kultur von La Hoguette, die sich direkt von der südfranzösischen Cardialkeramik (s. S. 105) ableitet und ähnliche Stilelemente besitzt. Diese ist zudem mit einer Ausdehnung des weiter entwickelten Feldbaus zu kombinieren, der unter Verbreitung des Nacktweizens rhoneaufwärts mit Schaf- und auch Ziegenhaltung verbunden ist. Das neue Ökosystem gelangt über den Genfer See schon vor 4000 v. Chr. in das Schweizerische Mittelland. Dort schlossen sich später die Pfahlbaukulturen an, die auch am Bodensee eine hohe Blüte erreichen. Dabei fällt die Bindung an feuchte Standorte auf, welche mit ihren ziemlich moorigen Böden für allerdings meist begrenzte Zeit leicht zu bearbeitende Flächen für den Feldbau mit Furchenstöcken boten. Dieser wird dort durch erhaltene hölzerne Geräte dokumentiert.

In den frühen Pfahlbauten nördlich der Alpen tauchten bereits gegossene Kupfergeräte auf. Wir haben also auch hier jetzt die Stufe des Chalkolithikums (der „Kupfersteinzeit") erreicht. Es erscheinen neuerdings, eher überraschend, auch Spuren von Wanddekorationen, wie in der Siedlung Ludwigshafen einige Fragmente aus dem dendrochronologisch zuverlässig bestimmten 39. Jahrhundert v. Chr. Sie zeigen eine weiße geometrische Bemalung (wie schon Jahrtausende zuvor auf dem Balkan) und zwei realistische Frauenbüsten, übersät von weißen Punkten, dem Doppelsymbol der Fruchtbarkeit: ein Sternenregen der die Menschenfrauen beglückenden himmlischen Mächte und die Milch der großen Sternenstraße.

Mit den pfahlbäuerlichen Feuchtbodennutzern wanderten auch die großen Steinstelen der Megalithiker von den Küsten des Mittelmeeres bis an die Schweizer Seen. Sie dienten dort nicht nur als Sitzplätze für die Ahnenseelen, sondern auch als

Kursmarken für die frühe Schiffahrt und als Weiser zu den Gestirnen.

Erst um 4000 v. Chr. begann durch diese Küstenkulturen die Neolithisierung des später keltischen Britanniens, das bis dahin völlig eine Insel der Sammlerinnen, Jäger und Fischer geblieben war.

5. Die Neolithisierung Amerikas – Mais, Bohnen und Meerschweinchen

Auch in Amerika gibt es in vielen paläoindianischen Stationen zahlreiche Belege für das Sammeln aller verwendbaren und erhaltungsfähigen regionalen Pflanzen. In der Guitarrerohöhle am Westhang der peruanischen Anden, 2850 m hoch, fanden sich zahlreiche gut erhaltene Pflanzenreste aus den letzten 8000 Jahren. Es sind etwa zu gleichen Teilen Nahrungs- und Faserpflanzen, die schon die spätere und doch frühe hohe Entwicklung der Textiltechnik in Südamerika vorausahnen lassen. Neben lokal wachsendem Wurzelgemüse erscheint außer Wildkürbissen und wilden Bohnen erstmals angebauter Mais. Im Becken von Tehuacan im Hochland von Mexiko lassen sich aus der Zeit um 6000 v. Chr. bereits jägerisch-sammlerische Nutzungszyklen rekonstruieren: im Wechsel des saisonalen Angebots einerseits die Jagd auf Hirsch, das große schweineartige Peccary, Kaninchen und Wachteln, andererseits das Sammeln von Kaktusfrüchten, Wildmais, anderen eßbaren Samen, Körnern und Eicheln. Dieses Ökosystem entsprach schon demjenigen der marginalen Wildbeuter in Mexiko beim europäischen Kontakt zu Beginn der Neuzeit.

Die ersten nachweislich kultivierten Pflanzen im Hochland von Mexiko schon um 7000 v. Chr. sind Eßkürbisse. Um 4000 v. Chr. wurden Rispenhirse, Avocados, Gurken, Bohnen und vor allem der wichtige Mais gezüchtet, der seit über 7000 Jahren angebaut wurde und seine genetisch sehr unterschiedliche Wildform weitgehend verdrängte. In den trockenen westlichen Anden waren schon vor 8000 Jahren die nährstoffreichen Limabohnen angebaut worden, die ursprünglich aus dem feuchten Bergland des oberen Amazonas stammen. Dazu kamen unter anderem knapp nach 4000 v. Chr. die in der andinen Küstenzone erstmals kultivierten Süßkartoffeln. Mit relativ früher Domestikation der Lamas und Alpakas als Fleisch- und Wollieferanten sowie als Tragtiere kann gerechnet werden. Auch Meerschweinchen wurden gezüchtet, deren Verbreitung bei zugleich kurzem Generationenwechsel dazu führte, daß sie nahezu alle Wildformen ihrer Art genetisch ebenfalls verdrängten, so daß es dort heute fast nur verwilderte Hausmeerschweinchen gibt. Dies ist ein gutes Beispiel für die weiträumige Ablösung von Unterarten durch Eingriff des Menschen.

Universalhistorisch ist somit festzuhalten, daß neben dem frühen vorderasiatischen autonomen Neolithisierungszentrum ein wenigstens partiell autonomes zweites Zentrum im Einzugsgebiet des Indus bestand, daneben ein ganz autonomes drittes, wenn auch mit Kontakten zum Westen, in Ostasien, sowie ein viertes, in sich vernetztes Doppelzentrum im Hochland von Mexiko und den Anden in Amerika und schließlich ein fünftes im subsaharischen Afrika (s. S. 119). In allen vier Zentren trug die Gunst der Umweltbedingungen, vor allem mit ausreichenden Niederschlägen in nicht zu dicht bewaldeten Zonen zu dieser Entwicklung bei. Die überall dort schon „steinzeitlich" und sogar vorkupferzeitlich kultivierten Pflanzen und domestizierten Tiere stehen uns heute noch ohne Ausnahme weltweit zur Verfügung. Mehr „Gegenwärtigkeit" und tatsächlich vorhandenen „universalen Rang" kann die Steinzeit wohl nicht beanspruchen.

Karte 3: Neolithisierungszentren zwischen 11 000 und 3 000 v. Chr. (vgl. Text)
1 Weizen/Gerste/Schaf/Ziege im Vorderen Orient, 2 Gerste/Baumwolle/Rinder im Westindischen Hochland, 3 Hirse/Reis und Schweine in China, 4 A Mais/Kürbisse/Truthühner im Hochland von Mexiko, 4 B Bohnen/Kartoffeln/Meerschweinchen im Andengebiet, 5 Hirse/Yams/Rinder im östlichen Mittelafrika

VII. Die Vielfalt der späten Steinzeit in einer sich wandelnden Welt

Der dritte Abschnitt
(6000 bis 1000 vor heute/1000 n. Chr.)

Vor 6000 Jahren hatte die Steinzeit durch die Folgen der Neolithisierung ihre Einheit verloren. Neben den noch weit verbreiteten Kulturen der Sammlerinnen, Jäger und Fischer hatten Feldbauern und Tierzüchter dort Raum gewonnen, wo ihre neuen Techniken zunächst am einfachsten einzusetzen waren. In Vorderasien und am Indus waren handwerkliche Zentren und den Fernhandel intensivierende Marktorte entstanden. In der Levante, Anatolien und auf dem Balkan wurde als erstes Metall seit ca. 6500 und 4500 v. Chr. Kupfer verarbeitet. Dort hatte das Chalkolithikum seine beiden ersten Kernzonen. Die robuster gewordenen kultivierten Getreidearten machten den Feldbau mit Bewässerung erstmals im unteren Mesopotamien möglich.

In der Phase von Ubaid hatte in Sumer auf der Basis dieses Bewässerungsfeldbaus schon um 5400 v. Chr. die Epoche der auch wegen der Fülle ihrer koordinierenden Aufgaben stärker durchorganisierten Städte begonnen. Unter ihnen kennen wir auch durch archäologische Belege die Stadt Eridu (benannt in späteren Schriftquellen) mit ihrem damals gebauten ersten Tempel. Die Ritualführer dieser Tempelzentren hatten wahrscheinlich, wie diejenigen in den Jäger- und Bauernkulturen, erst geringe dauernde politische Macht über die gesamte Siedlung und ihre Bewohner.

1. Vorderasien und Europa bis zum Beginn der Bronzezeit

Im sich mit dem Kupfer ausbreitenden Chalkolithikum, das um 2000 v. Chr. Schottland, Südskandinavien, die Wolgamündung und das Industal einbezieht, verstärkt sich die handwerkliche Spezialisierung auf dem Gebiet der Metallurgie und zugleich der Handel mit Mineralien und Erzen, zu denen bereits früh das leicht zu waschende und verarbeitende Gold gehört. Die Zahl der Handwerker, die nach Ausweis der Werkstattfunde meist noch ihren eigenen bäuerlichen Betrieb weiterführen, steigt rasch an: neben Metallgießern erscheinen Perlenmacher, Steingefäßdreher, mit langsam drehenden Scheiben arbeitende Töpfer und Schreiner. Dazu gesellten sich wohl bald in größeren Siedlungen auch Bauleute, zumindest als Vorarbeiter.

Noch beeindruckender ist nach 4000 v. Chr. die ökonomische Differenzierung in den neuen Städten von Sumer, wo die Priesterschaft in Uruk nicht nur die Verantwortung für die Wasserverteilung im Auftrag und zum Nutzen der Götter zu tragen hat, sondern auch über zentrale Vorratslager verfügt. Sie handelt in der Regel als Gemeinschaft und als Verweser des heiligen Tempelguts. Die wertvolle Handelsware muß auf ihrem Weg geschützt werden. Auch dies ist eine zunächst kommunale Aufgabe, was die Sicherung des Landwegs betrifft. Der Wasserweg, auch entlang der Küste, kann anfangs durch die Schiffsmannschaften selbst geschützt werden. Dies erfordert aber einen Schiffsführer mit Autorität und bald die Einrichtung bewachter Häfen. Aus Wächtern werden Soldaten und von „Hauptleuten" geführte Aufgebotstruppen, welche im Notfall größere Kriege führen können, die über bäuerliche Grenzgeplänkel hinaus gehen. Diese zunächst nur in Kriegszeiten berufenen Kommandanten werden durch Ausbau ihrer Macht um 3000 v. Chr. in Sumer und wohl auch im übrigen, noch weniger gut erforschten Mesopotamien oft zu Fürsten und Stadtkönigen. Sie kommen zwangsläufig auf politischer Ebene, welche immer mit der Wirtschaft in Beziehung steht, in Konflikte mit den Tempelpriesterschaften, was in Zukunft immer wieder geschehen kann.

Die soziale Differenzierung kommt archäologisch im Bau von Großhäusern und Palästen sowie in den enormen Unterschieden der Grabbeigaben zum Ausdruck. Neben der Oberschicht, die vom König und seiner Klientel bis zu den religiösen und militärischen „Häuptlingen" (s. S. 130) und wohl auch noch zu den großen Händlern reicht, bildet sich ein Mittelstand aus den als neue Berufsgruppen jetzt auftretenden Schreibern, Kleinhändlern und Handwerkern; und schließlich die Unterschicht von landlosen Feldarbeitern über „Familienlose“ bis zu den Kriegsgefangenen oder auf Beutezügen geraubten rechtlosen Sklaven. Um 2350 v. Chr. gründet Sargon die erste, über vier Generationen reichende Dynastie unter Neugründung der Stadt Akkad in Sumer. Der Organisations- und Verwaltungsaufwand wächst weiter. Aus den Bilderzeichen zur Kontrolle von Lieferungen und Vorräten auf den oft mit Zählfigürchen gefüllten Token (Kapseln oder Bullen), die bis heute als Siegelschutz dienen, werden in Kürzeln abstrahierte Registerschriften. Diese entwickeln sich rasch zu Zeichen, um Sprache festzuhalten. Der Schreiber erhält als Archivar und Buchführer zunehmende administrative Bedeutung mit ersten „bürokratischen“ Aufgaben. Das einfache Leben der Steinzeit ist in Mesopotamien endgültig beendet.

Um 3000 v. Chr. beginnt im Orient die Verbreitung der mit Legierungen aus Arsen und vor allem aus Zinn hergestellten Bronze, welche zum erstenmal erlaubt, scharfschneidende Kriegswaffen in Form von Dolchen und Streitäxten zu produzieren. Kupfer, vor allem wenn es mehrmals umgeschmolzen wird, war dafür nur bedingt und schon gar nicht für größere Schneiden geeignet. Die Spezialisierung der Handwerker nimmt weiter zu, vor allem dort, wo sie für Könige, Fürsten oder eine Oberschicht als Gießer und Schmiede arbeiten und ihnen Waffen für ihre immer aufwendigeren Kämpfe liefern. In Mesopotamien, Anatolien und auf dem Balkan hatte für Stadtstaaten und Fürsten vor fünf Jahrtausenden das eherne Zeitalter der Heroen begonnen. Die Steinzeit war auch dort zu Ende.

Im übrigen Europa hatten Sammlerinnen, Jäger und Fischer in den Waldgebieten mit schweren Böden, an den atlantischen und baltischen Küsten und in den winterkalten Regionen des Nordens im späteren „Mesolithikum“ die alten paläolithischen Traditionen weitergeführt. Wo die primäre Produktivität mit wachsender Erwärmung zunahm, speziell in den Gewässern, konnten Jäger und Fischer saisonal länger in ihren Lagern bleiben. Das läßt sich archäologisch auch am Fundgut und an den zugehörigen Bestattungsplätzen erkennen. Einfache eigenständige Keramik kommt in Gebrauch, zum Teil wird auch domestiziertes Kleinvieh übernommen.

Zugleich dehnen sich neolithische Kulturen in Eurasien auf Kosten der mesolithischen weiter aus. Aus der Bandkeramik, dem frühen balkanischen Chalkolithikum und der gleichzeitigen Kultur von Tripolje im südlichen Osteuropa entwickeln sich flächendeckend Folgekulturen, in denen fast alle Böden bebaut und alle Wälder beweidet werden. Die Siedlungen selbst werden durch Gräben und Wälle befestigt oder es werden Erdwerke als Refugien – und weiterhin wohl zugleich als Ritualplätze – gebaut. Bei allen diesen Anlagen fallen die zahlreichen „Tore" auf. Sie sind strategisch durchaus nützlich, wie amerikanische und ozeanische Analogien zeigen, wenn sich etwa gleich starke Nachbarsiedlungen oder Nachbartalschaften gegenüberstehen. Diese Befestigungen bilden vor allem Deckungen, aus denen heraus man sich auch mit Ausfällen verteidigt, wobei zur Abschreckung möglichst viele rasch zu öffnende Durchgänge von Vorteil sind.

Im Alpenraum beginnt die große Zeit der „Pfahlbauten", mit oft kurzlebigen und leicht gebauten Konstruktionen auf Pfählen in den Überschwemmungszonen der großen Seen, oder mit immer wieder reparierten Lehmschüttungen oder Bohlenböden zur Isolierung der ebenerdigen Häuser gegen die Bodenfeuchtigkeit bei geringem Überflutungsrisiko. Die Siedlungen bestanden aus oft in Reihen stehenden, einzelnen rechteckigen Holzhäusern für meist nur je einen Haushalt. Sie wurden entweder verputzt oder wohl auch nach alten Traditionen mit innen aufgehängten Häuten und Matten wohnlich gemacht. Das Kupfer war dort überall zum Wertobjekt geworden, wie ein Depot von Kupferperlen an einer Hauswand in dem mit einer Palisade gesicherten Hirschjägerdörflein Burgäschisee-Süd des Kantons Bern im 38. Jahrhundert v. Chr. als „Tresor" dokumentiert. Auch am Bodensee nimmt die Sicherung der Pfahlbaudörfer durch Palisaden zu. Das Scheibenrad und der schmale, von einem Tier auf dem Saumpfad gezogene vierräderige Karren tauchen im Endneolithikum des Alpenraumes auf. Beide dienten im Orient schon seit dem 4. Jahrtausend v. Chr. als Transport- und Kriegsmittel. Dies ist die erste technische Konstruktion zur leichteren Bewegung von Lasten über die Vorgaben der Natur hinaus (ein Hinweis, den ich M. Porr verdanke).

In Westeuropa entwickelten sich eigenständige neolithische Keramikstile, ebenso im Nordosten des Kontinents. Megalithische Kult- und Grabbauten erlebten ihre erste Blüte im Westen, wo auch die Kammergräber als Sammelbestattungsplätze zur Norm wurden. Diese, den späteren Beinhäusern gleichenden „Sekundärbestattungen" waren in Europa weit verbreitet.

Um 2000 v. Chr. hatte sich im ganzen chalkolithischen Europa die Technik der Bronzelegierung durchgesetzt. Der Fernhandel mit Metallen, vor allem Zinn und Kupfer, intensivierte sich, und es kam zu entsprechenden sozialen Differenzierungen, wie das aufwendige, auch mit goldenen Beigaben versehene „Fürstengrab" von Leubingen beim kupferreichen ostdeutschen Erzgebirge schon für diese Zeit archäologisch belegt. Nur das nördlichere Skandinavien und Nordosteuropa verharrten noch in der jägerischen mesolithischen Steinzeit. Dort wurden nur von Süden her Bronzegeräte, vor allem Beile, eingeführt. Erst nach Christi Geburt drang die Eisenverarbeitung bis ins mittlere Skandinavien vor.

In den osteuropäischen Steppen entstanden die ersten nomadischen Hirtenkulturen, die das Pferd zunehmend auch als Reittier benutzten. Sie lebten oft in friedlicher, meist aber eher erpresserischer bis kriegerischer Symbiose mit den westlich und südlich angrenzenden Dorfkulturen.

2. Ägypten und Afrika

Im vordynastischen Neolithikum in Ägypten entwickelte sich ebenfalls eine am Unterschied der Hausgrößen und der Grabbeigaben archäologisch ablesbare soziale Differenzierung, zu der die zunehmende handwerkliche Spezialisierung beitrug, als ab etwa 4000 v. Chr. auch dort das Kupfer in Gebrauch kam. Statt Handels- und Handwerkerstädte wie in Mesopotamien bilden sich hier offensichtlich straff organisierte, am lebenspendenden Nil aufgereihte Gaufürstentümer vor allem in Oberägypten, denen das stärker viehzüchterisch ausgerichtete Delta gegenüberstand. Die Kronen Ober- und Unterägyptens wurden um 3100 v. Chr. durch Meni, den „Gründer“ und ersten Pharao, vereinigt. Ein einheitliches Verwaltungssystem entstand, das sich vor allem auf zivile Schreiber und priesterliche Beamte stützte. Schon im Alten Reich war der Pharao, der „Herr des Großen Hauses“, der absolute und zugleich göttergleiche Vater der Menschen und des Landes. Er kontrollierte die innere Ordnung, die strikt hierarchisch geregelt war, und jederfrau und jedermann ihren festen Platz zuwies. Anfangs stand noch der oberste Priester sogar vor dem Pharao, bald aber schrumpfte selbst er auf den vielen Abbildungen neben den übergroßen Figuren des Pharao und dessen dynastischer Familie zusammen. Ungeheuerliche Manifestation dieses totalen und dem Bienenstaat durchaus nahestehenden Systems sind die großen, mit Tempelzentren verbundenen Pyramiden des Alten Reichs zwischen 2700 und 2200 v. Chr. Die mächtigste, diejenige des Cheops, ist 150 m hoch auf einer Grundfläche von 53000 m² und enthält Gesteine vom Libanon bis Nubien. Das größte Totenmal, das je einem Fürsten in mindestens 13 Millionen Arbeitstagen errichtet wurde – und alles in nur steinzeitlichen Techniken, verbunden mit der religiös begründeten Totalorganisation des ersten Staatsvolkes, das wir kennen. Nach Cheops nimmt die Stärke der Zentralmacht ab, und die wechselvolle Geschichte des bronzezeitlichen Ägyptens beginnt.

Im übrigen nördlichen Afrika setzt sich die Neolithisierung weiter durch. Neben seßhaften Bauern nimmt die Bedeutung der Rinderhirten in den von Parasiten freien Grassteppen zu. Auf der Übernahme des Weizen- und Gerstenanbaus aus Arabien im 2. Jahrtausend v. Chr. gründet sich die Neolithisierung des ostafrikanischen Hochlandes. Hirsearten und Sorghum sind schon um spätestens 3000 v. Chr. eigenständig kultivierte, den afrikanischen Klimaparametern angepaßte Getreide. Somit erscheint offensichtlich ein fünftes Neolithisierungszentrum, zumindest für den Anbau von Pflanzen. Vor allem Sorghum (Mohrenhirse) breitet sich schon vor 2000 v. Chr. nach Westen und hernach bis in das südliche Zentralafrika aus. Yams als wichtige Knollenpflanze und die Ölpalme werden in Westafrika kultiviert. Daneben werden zahlreiche Wildpflanzen, je nach Vegetationsgesellschaft, gesammelt. Noch vor Christi Geburt erreicht die Rinderzucht das südliche West- und Ostafrika, aber erst um 1000 n. Chr. auch Südafrika. Bald folgt ihr das Eisen, das in Afrika meisterhaft verarbeitet wird. Die Kupfer- und Bronzezeit wird im subsaharischen Afrika übersprungen.

In den dichten Wäldern Zentralafrikas und in den trockeneren Steppenzonen Ost- und Südafrikas halten sich aber weiterhin hervorragend an ihre Ökosysteme angepaßte Sammlerinnen- und Jägerkulturen, die den Feldbau und die Viehzucht nicht selbst übernehmen, aber durch Kontakte, vor allem im Regenwaldgebiet, mit Bauernkulturen symbiotisch zusammenarbeiten. Dies gilt weniger in den Trockengebieten, in deren Kontaktzonen von Sammlerinnen und Jägern Keramik und Eisen gegen erjagte und gesammelte Tier- und Pflanzenprodukte eingetauscht werden.

3. Süd-, Ost- und Nordasien

Immer deutlicher zeichnet sich schon in der Steinzeit ab, daß das gewaltige Asien in der Vorstellung der Antike von Troja und Byzanz aus zwar den Osten definiert, sich aber in noch größeren Fernen verliert als das südliche Afrika. Am nächsten liegt Indien, wo am Indus ebenfalls große Städte, wie Harappa, mit bis zu 40000 Einwohnern mit mächtigen Mauern, Zitadellen und Tempeln entstehen. Sie sind Handels- und Handwerkszentren mit wohl starker Theokratie in einem Netz von Dörfern, die mit Mesopotamien regen Kontakt haben. Die Bronze wird schon vor 2000 v. Chr. übernommen.

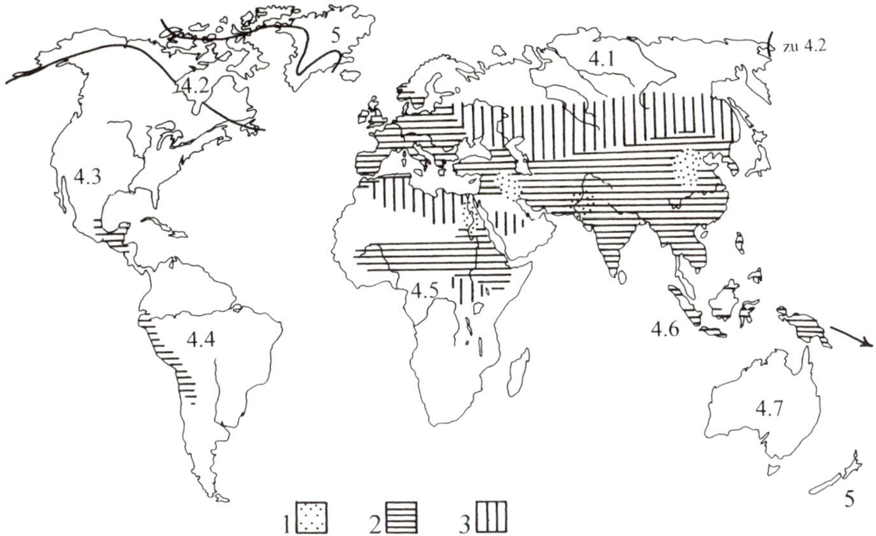

Karte 4: Die veränderte Welt am Beginn des „ehernen“ Zeitalters in Teilen der Alten Welt 2000 v. Chr.

1 Flächen-, Fürsten- und Stadtstaaten mit strukturierter Verwaltung („Indus-Kultur“ in Auflösung begriffen), 2 Bauern/Pflanzer/Fischer mit Vorstößen nach Ozeanien 3 Viehzüchternomaden, 4.1 Eurasiatische Taiga- und Tundrenkulturen, 4.2 Amerikanische Eskimokulturen, 4.3 Nordamerikanische Archaische Jäger-/Sammlerinnen- und Fischerkulturen in Prärien und Wäldern, 4.4 Südamerikanische Wald- und Graslandsammlerinnen/Jäger und Küstenfischer, 4.5 Afrikanische Wald- und Savannenkulturen, 4.6 Zunehmend isolierte indische und südostasiatische Waldjägerkulturen, 4.7 Australische/Tasmanische Sammlerinnen- und Jägerkulturen, 5 von Menschen unbewohnt: Nördlichstes kanadisches Archipel, Norden und Osten von Grönland, Island, Östliches Ozeanien und Neuseeland, Antarktis

Wie die Induskultur ihr Ende fand, ist noch unklar, wahrscheinlich war die zunehmende Austrocknung Westindiens nach 2000 v. Chr. eine der Hauptursachen. Die Siedlungsdichte geht stark zurück. Das Schwergewicht der Dorfkulturen verlegt sich nach Kaschmir und an den Ganges. Der Anbau des auch in Indien wohl unabhängig kultivierten Reises und die Kleinviehzucht werden intensiviert. In den dichteren Wäldern des Südens existieren fast unverändert noch immer Jägerkulturen. Diese verlieren ab etwa 1000 v. Chr. immer mehr an Raum. Die Situation in Südostasien ist ähnlich, nur spielen dort die maritimen Ressourcen und eine frühe Schiffahrt eine weitaus größere Rolle.

In Ostasien entstehen Städte und lokale Fürstentümer. Nach Ausweis der Grabfunde beginnt hier ebenfalls um 3000 v. Chr. eine stärkere soziale Differenzierung, die offenbar auch rasch mit kriegerischen Konflikten verbunden ist. Um etwa 2000 v. Chr. setzt im nördlichen Kernland Chinas mit der Shangkultur die Bronzezeit ein.

In Zentralasien entwickelt sich im Süden ein Bewässerungsfeldbau, der sich bis an den Pazifik vorschiebt und weiter nördlich in eine wohl eigenständige Ziegendomestikation übergeht. Um 2000 v. Chr. beginnt nördlich davon eine Nomaden- und Hirtenkultur, deren Entwicklung ohne das Pferd als Reit- und Kampftier undenkbar wäre. Noch weiter nördlich in der Taiga und Tundra Nordasiens bleiben die alten steinzeitlichen Jäger- und Fischerkulturen erhalten, die zum Teil jetzt zur Zähmung des Ren als Trag-, Reit- und Locktier übergehen und weitgehend auch einfache Keramik herstellen. Kupfer- und Bronzegeräte werden importiert.

Eine Sonderrolle spielen Japan und Tschukotka. In Japan entwickelt sich eine extrem auf maritime Ressourcen ausgerichtete Kultur, die zur Genießbarmachung der dort gewonnenen Nahrung um 11000 v. Chr. die unter dem Begriff Jomon gefaßte Keramik – mit später oft sehr verspielter Ornamentik und einem ganz speziellen Idolstil weiblicher Figuren – entwickelt. Es liegt damit ein sehr frühes „Keramikum" vor, in dem weder Tierzucht noch Pflanzenanbau betrieben werden, dagegen aber Steinschliff und Bootsbau. Erstmals erscheinen für die Seesäugerjagd gut geeignete Knebelharpunen, die sich nach dem Einschuß vom Schaft der Waffe trennen, unter der Haut des Tieres quer stellen und dabei durch eine Leine mit dem Jäger verbunden bleiben.

Erst um 400 v. Chr. wird der Hackbau von Reis aus Korea übernommen, bald darauf Bronze und Eisen. Im östlichsten Tschukotka fassen paläoarktische und paläoeskimoische Traditionen auf der Gegenküste der Beringstraße Fuß, deren Zentrum in Alaska liegt (s. S. 125).

4. Neuguinea, Pazifische Inseln und Australien

In Neuguinea haben nach Ausweis der ältesten Funde seit mindestens 25 000 Jahren Menschen gejagt und gesammelt, als die große Insel bei niedrigem Stand des Meeresspiegels mit dem Südkontinent verbunden war. Die Steinindustrie ist so einfach wie in Australien und Südostasien. Das Schwein wird früh eingeführt und feinkörnige Seesedimente weisen auf Waldrodungen vor 9 000 Jahren hin. Es scheinen tatsächlich schon Zuckerrohr, Yams, Sago, Bananen und Pandanuß angebaut worden zu sein.

In Australien und Tasmanien ändert sich wenig. Die traditionellen Kulturen setzen ungestört ihre Nutzungssysteme fort. Ganz anders im übrigen Ozeanien. Das „Nähere" Ozeanien, Melanesien und Mikronesien, wird schon ab 4 000 v. Chr. mit seegängigen Booten befahren, wie Funde von eingeführtem Obsidian auf Neuirland zeigen, die von einer 600 km entfernten Lagerstätte stammen. Erst um 1 500 v. Chr. erschließt die verbesserte Seefahrt der Lapitakultur unter Beachtung und Nutzung der Strömungen und Mitführung von Haustieren und Anbaupflanzen auch das „Fernere" Ozeanien, nämlich Polynesien. Neuseeland wird erst um 300 n. Chr. erreicht und besiedelt, allein mit der Ausstattung des steinzeitlichen Neolithikums und einer hoch entwickelten Holzbautechnik und beginnender sozialer Differenzierung. Madagaskar war schon vor Christi Geburt von Südostasien aus erreicht.

5. Amerika

Auch im Hochland Mittelamerikas und der Anden bilden sich dank des warmen und gemäßigten Klimas mit zwischen 500 und 1000 mm schwankenden Niederschlägen die ersten stadtartigen Zentren. Mit Ausnahme des Titicacasees fehlen große, leicht schiffbare Gewässer. Keramik kam an der Küste der nördlichen Anden schon um 3200 v. Chr. in Valdivia in Gebrauch und verbreitete sich von dort, vor allem entlang der Küste, nach Norden und Süden. Im Dekor erinnert sie an ostasiatische Traditionen, welche durchaus ab 4000 v. Chr. bei Vorerkundungen für die Besiedlung Ozeaniens (s. S. 123) über den Pazifik gelangt sein könnten. Zugleich beginnt auch der Gebrauch von meist kalt verarbeiteten und dabei strukturell widerstandsfähigeren Kupfererzen. Silber und vor allem Gold werden mineralisch gewonnen und verarbeitet. Legierte Bronze ist ab etwa Christi Geburt in verarbeitenden Zentren nachzuweisen.

Ab 1500 v. Chr. entstehen in Mittelamerika noch immer im kupfersteinzeitlichen Bereich zentrale Orte, an denen für ein archäologisch faßbares dörfliches Einzugsgebiet Zeremonien abgehalten werden. Diese Orte wurden auch hier zu Handwerker- und Handelssiedlungen mit rasch anwachsenden Bevölkerungszahlen. Der den Olmeken an der Nordküste zugeschriebene Stil endet um Christi Geburt. Um 500 v. Chr. entsteht Teotihuacan, das 200 Jahre später schon eine Fläche von 760 ha und 600 n. Chr. eine solche von 2000 ha einnimmt, wobei die Bevölkerung auf 125000 Menschen geschätzt wird. Offensichtlich haben wir es mit einer theokratischen Adelsstruktur mit nachgeordneten sozialen Schichten zu tun.

Gleichzeitig entsteht die Mayakultur als Priester- und Kriegerstaat mit strikt kalendarisch geregelter Religion, auf der Basis eines Jahres von 18 Monaten zu je 20 Tagen und am Ende mit 5 „Unglückstagen", wobei nie feststand, ob die Götter das nächste Jahr gewähren würden. Der Mayakalender ist zwischen 292 und 889 n. Chr. exakt datierbar. Diese Vorstellung gab den betreffenden Bittritualen extreme Bedeutung.

Im Andengebiet bilden sich religiöse Zentren ebenfalls um 2000 v. Chr., die ab 1500 v. Chr. deutliche mesoamerikanische Einflüsse erkennen lassen. Um Christi Geburt wurden daraus bereits konkurrierende Kazikentümer.

Im Norden breitete sich der Feldbau zunächst ohne jedes Metall und dann mit örtlicher und zeitweiliger Nutzung von Kupfer bis an den St. Lorenzstrom aus, wo er zusätzlich durch Jagd und Sammelpflanzen ergänzt wurde. In den Trockensteppen, Savannen und Küstenzonen des Westens und den winterkalten Wäldern Nordamerikas dauerten steinzeitliche Jäger-, Fischer- und Sammlerkulturen an. Je nach der Beständigkeit der Ressourcen nahm parallel zu der Bevölkerungsgröße die soziale Strukturierung zu. Bei den Maisbauern am St. Lawrence (den Vorfahren der Irokesen und Huronen) wurden Dörfer aus Großhäusern für mehrere Haushalte gebaut und umzäunt. An der Nordwestküste gab es ebenfalls Häuser für mehrere Haushalte und eine hochentwickelte Technik des Bootsbaus, wobei vor allem die zähen Rotzedern mit Stein- und Knochenbeilen behauen und gespalten wurden.

In der Tundra und am Eismeer mit seinen Ren- und Robbenfaunen etablierte sich ab etwa 4000 v. Chr. die paläoeskimoische Tradition als Neubildung auf der Basis der paläoarktischen technologischen Vorleistungen. Unter relativ kühlen, aber trockenen Bedingungen hatten diese Vorläufer der Eskimos als Moschusochsenjäger im „Predorset“ schon den hohen Norden Kanadas und Grönlands erreicht. Ab 1200 v. Chr. mußten die Menschen der folgenden „Dorset“-Kultur, benannt nach einer Fundstelle auf Baffin Island, die bereits das geniale Kayak und den Anorak erfunden hatten, den höchsten Norden wieder räumen. Sie verschoben dafür ihr Ökosystem nach Süden in das dort fester werdende Eis (als Grundlage ihrer speziellen Robbeneisjagd) bis nach Neufundland, wo die archaischen indianischen Kulturen der Rindenbootfischer zurückwichen. Um 1000 v. Chr., als Folge einer längeren Wiedererwärmung, breitete sich auch in der Ostarktis die seit Christi Geburt im Beringmeer entwickelte Waljagd mit großen Booten aus, welche ebenfalls den Austausch von Meteoreisen von

Grönland nach Westen vermittelten. Zur gleichen Zeit erreichten die eisenzeitlichen Wikinger als Siedler und Händler mit ihren hochseetüchtigen, sturmfesten und ruderbaren Seglern Grönland und für kurze Zeit Neufundland, nachdem sie erstmals Island besetzt hatten, das also später in die Ökumene eingegliedert wurde als Madagaskar und Neuseeland.

In Südamerika wurden große Teile der Tieflandwälder neolithisiert, in denen die Bewohner der wachsenden Dörfer vor allem den Anbau von Knollengewächsen wie Yams betrieben. Auch das Sammeln von Pflanzen wurde fortgesetzt sowie die Jagd, die jedoch meist hinter dem Fischfang in den hoch produktiven Gewässern zurückstand. Keramik war in regional unterschiedlichen Stilgruppen vorhanden. Metallgeräte und Goldobjekte wurden meist nicht selbst gefertigt, sondern im Austausch erworben gegen tierische Produkte aus dem Tiefland, zu denen nach späteren Analogien vor allem auch Schmuckfedern und Felle gehört haben dürften.

An den südlicheren Küsten und in den trockeneren Steppen wie auch in den feuchten Grasländern Uruguays und Patagoniens dauerten die Fischer- und Jägerkulturen noch „vollsteinzeitlich" an mit oft einfachen steinernen Abschlaggeräten und geschliffenen Steinbeilen, jedoch weitgehend ohne kultivierten Pflanzenanbau und Haustiere.

VIII. Ausklang der Steinzeit in unserem Jahrtausend

Der vierte Abschnitt (1000 n. Chr. bis zur Gegenwart)

Im jetzt sich dem Ende zuneigenden 2. Jahrtausend n. Chr. verdichten sich durch Reisende und Forscher die Nachrichten über die noch existierenden steinzeitlichen Kulturen auf allen Kontinenten. Im Laufe der von Europa ausgehenden Neuordnung des Staatensystems wurden sie alle ungefragt in dieses einbezogen. Trotz der dabei ausgelösten und noch keineswegs beigelegten Konflikte haben die Nachkommen dieser Traditionen in verblüffend großer Zahl überlebt und ihre kulturelle Eigenständigkeit, vor allem auch ihre Sprachen und Dialekte, bewahren können. Zu Beginn des 20. Jahrhunderts besaßen viele dieser Völker sogar noch weitgehend ihre steinzeitlichen Techniken, die zunehmend durch einfache eingetauschte Eisengeräte wie Messer, Äxte oder Pfeil- und Speerspitzen ergänzt wurden. Die Grundstrukturen ihrer Kulturen wurden dadurch aber noch keineswegs verändert.

Das geschah erst nach 1950 mit der Intensivierung des Luftverkehrs in die entlegensten Regionen und der damit fast überall verbundenen Ausdehnung der staatlichen Schulpflicht, welche die regionalen Eigenheiten kaum berücksichtigte. Die erste Generation der Betroffenen nahm dies eher passiv hin, zumal damit meist auch ein Ausbau der wirtschaftlichen Förderung verbunden war. Doch seit einem Jahrzehnt wird mit derartigen Fragen von beiden Seiten, sowohl dem jeweiligen Staat als auch den betroffenen „kleinen Völkern", kritischer umgegangen. Das manifestiert sich neuerdings im Rahmen der UNO, die den Auftrag hat, auch Lösungen für diese Problematik zu suchen. Allerdings ist noch die sachgerechte politische Repräsentanz dieser Völker, die äußerst ungenügend ist, zu sichern. Hier besteht enormer Handlungsbedarf. Dabei spielt auch der historische Hintergrund eine besonders bedeutsame Rolle, der sich oft nur mit archäologischen Mitteln fassen läßt, vor allem im Hinblick auf die bisherige Landnutzung. Aus derartigen Daten kann bei ausreichender Dichte auch die zukünftig mögliche Belastung der manchmal sehr großen, aber menschenarmen Regionen abgeschätzt werden, die praktisch alle als Naturreservate erhalten werden können und müssen. Zum Teil sind sie dringend als für das Weltklima wichtige Schutzzonen wieder herzustellen und auf ausreichende Größe zu bringen. Dabei ist allerdings eine angemessene nachhaltige Nutzung der betreffenden Gebiete durch die dort lebenden kleinen Völker zu sichern. Außerdem müssen diese alle wieder das Recht erlangen, wie vor dem Einbezug in die heutigen Staaten, wenn auch in Absprache mit jenen, selbst über die Nutzung der eigenen Lebensräume zur Sicherung ihrer Existenz zu entscheiden. Dabei haben in jedem Fall die Interessen der jeweiligen Zentralregierungen und der mit ihnen verbundenen Industrieländer hinter dem Erhalt der ursprünglichsten noch existierenden, durch ihre Sprache definierten Kulturen der Menschen zurückzustehen.

Betrachten wir wenigstens einige Beispiele dazu:

1. Eismeer, Tundra und Taiga

Kurz vor dem Jahr 1000 des christlichen Kalenders waren in Grönland und Neufundland Inuit-Eskimos mit ihrer optimierten steinzeitlichen Technik, deren Energiebedarf erstmals dank der von ihnen entwickelten Tranlampen und -brenner nicht mehr von Holz gedeckt werden mußte, mit Europäern in Kontakt gekommen. Mit dem Beginn der neuzeitlichen Kaltzeit und den veränderten Machtverhältnissen in der Nordsee ab etwa 1500 gaben die Normannen Grönland auf und zogen nach Island oder Norwegen ab. Auch die ersten britischen Suchexpeditionen nach Baffin Island, die nur Katzengold erbrachten, mußten wegen des unpassierbaren Nordmeereises abgebrochen werden. Während eines kurzen Wärmeintervalls am Ende des 18. Jahrhunderts kommt es zu neuen Kontakten auch in der westamerikanischen Arktis. Die großen Expeditionen der gegen Napoleon so erfolgreichen Britischen Flotte zur Öffnung der Nordwestpassage nach China scheitern in der neuen Kältephase um 1850 noch einmal kläglich.

Erst mit der Niederlassung von Händlern begann im 20. Jahrhundert die endgültige Integration der Eskimos in die Weltwirtschaft über die fast immer von außen vorfinanzierte und vermittelte Pelztierjagd und die durch größere Kredite abhängiger machende Fallenstellerei. Trotz aller Übergangsschwierigkeiten sind die verschiedenen Eskimogruppen politisch intakt geblieben und bilden mit gegen 100 000 Menschen eine von Rußland über Alaska und Kanada bis in das europäische Grönland reichende Vereinigung. Diese strebt eine möglichst große Autonomie innerhalb der Staaten an, zu denen ihre Ökosysteme gehören, welche sie nie vertraglich an deren Regierungen übereignet hat. Die 15 000 Tschuktschen, deren staatliche Ausgleichsfinanzierung gegenwärtig auf ein den bisher tiefsten Stand gesunken ist, haben sich 1996 der transnationalen Eskimovereinigung angeschlossen.

Ähnlich ist die politische Situation der Fischer- und Jägerkulturen in den Tundren- und Taigazonen des übrigen Amerikas, Nordasiens und Nordeuropas. Auch dort wurde erst nach 1600 das Land von Europäern militärisch besetzt. Besonders dramatisch ging es bei der christlichen Missionierung der Samen (Lappen) und Karelier zu, die ihre durch Naturalabgaben besteuerte Großherdenwirtschaft erst als Fleischlieferanten des Schwedischen und später des Russischen Reiches entwickeln mußten.

2. Wälder und Steppen der gemäßigten Zone

Dort überlebten nur die steinzeitlichen Kulturen der Neuen Welt in Nordamerika und Patagonien sowie Tasmanien und Neuseeland. Dort, wo die politischen und ökonomischen Strukturen stabil genug waren, blieben praktisch alle steinzeitlichen Völker erhalten. Sie liefern zugleich den Archiven in oft noch gar nicht aufgearbeitetem historischen Kontext hervorragendes Material für das Verständnis der unglaublichen Vielfalt steinzeitlicher Verhältnisse. Das einfache materialistische Modell ihrer primitiven Einheit der Urhorde wird dadurch endgültig ad absurdum geführt. Nur einige Beispiele:

Die Kulturen der Nordwestküste Amerikas hatten mit den Haida ihre eigenen Wikinger, die weiträumig Handel trieben und, wo es möglich und ungefährlich zu machen war, Raub- und Beutezüge unternahmen. Sie hielten dabei geraubte Sklaven, die in das eigene komplexe, durch Verwandtschaftsbeziehungen definierte Rechtssystem nicht integriert wurden. Die Azteken eroberten im 14. Jahrhundert Mexiko, indem sie nur die Staatsspitze usurpierten, wie einst die Germanen in Rom und später die Spanier in Mexiko selbst.

Anders die Inka, die um 1400 durch Eroberung der benachbarten kleineren Kazikentümer ihren durchorganisierten Flächenstaat mit Straßennetz und Polizeitruppen schaffen und ihn bis zur Ankunft der Spanier weiter ausbauen. Noch anders, gleichsam am anderen Ende der Möglichkeiten, die Führungsstruktur der „frühbäuerlichen" Irokesen und Huronen, die gleichberechtigte Häuptlinge für Spezialbereiche, wie Kult oder Krieg, hatten, also erste Ansätze langfristiger Leitung in bis dahin egalitären Ökosystemen. Eine politische Lösung, die auch die US-Amerikanische Verfassung beeinflußte.

Die noch existierenden „unabhängigen" indianischen Nationen haben heute fast alle geklärte Landrechte. Offen aber ist noch immer, welcher politische Autonomiestatus damit verbunden werden kann.

Es gab auch Opfer unter den steinzeitlichen Völkern und Kulturen, vor allem dort, wo sie besonders schwach oder leicht zu verfolgen waren. In Kalifornien und Patagonien verschwanden ganze Stämme völlig, ähnlich wie auch die Tasmanier mit der sehr einfachen materiellen Ausstattung ihrer Kultur ganz am äußersten südlichen Ende der bewohnten Erde.

Anders dagegen in Neuseeland, wo die Maori sich als wichtiger Teil der politischen Kultur etablieren konnten. Sie sind unterdessen in allen Berufen zu finden und wirkten dabei mit, das Land (als erstes!) von der Übersubventionierung der Landwirtschaft zu befreien.

3. Wälder und Steppen in den Tropen

Bleibt noch der tropische Rest der Welt. Dort haben sich sogar in den schwer zugänglichen Zonen des Oberen Amazonas und im Bergland Neuguineas Bauern- und Gartenkulturen halten können, deren Grundstruktur trotz des „Kaufes" von Metallgeräten weitgehend steinzeitliche Traditionen bis heute fortsetzt.

Dazu gehören die Xingu in Amazonien und die Eipo im selbst für Hubschrauber schwer zu erreichenden, heute indonesischen Teil des Hochlandes von Neuguinea. Noch vor einem guten Jahrzehnt wurden Gesteine für Beilklingen über weite Strecken teuer gegen Schmuckfedern oder Schweinehauer beschafft. Kämpfe zwischen benachbarten Dörfern sind ritualisiert, um sie nicht ausufern zu lassen. Die Geburtenkontrolle liegt allein im Ermessen der Frauen, die ein neues Kind aussetzen, wenn sie schon eines haben und sich der Betreuung eines zweiten nicht gewachsen fühlen.

Ganz anders und von selbst löst sich dieses Problem bei den Mani in der Thailändischen Provinz Trang. Diese sind eine Untergruppe der heute sonst meist neolithisierten, vor allem in Malaysia lebenden Semang. Sie sind eine kleine isolierte Gruppe von Sammlerinnen und Blasrohrjägern mit Präzisionswaffen und beachtlicher dazu gehöriger Atembeherrschung. Die Mani zählen kaum noch 200 Köpfe und haben nicht einmal die thailändische Staatszugehörigkeit. Sie stehen durch die in ihre Wälder illegal eindringenden umwohnenden Bauern unter enormem Druck. Bei ihnen sterben die Säuglinge als Regel fast alljährlich durch Infektionen oder Parasiten. Wer als Kind durchkam, hatte schon immer gute weitere Überlebenschancen.

Eine der jungen Manifrauen aus der Nordgruppe ist mit einem in der Nähe lebenden Thaibauern verheiratet. In ihrem stabilen Pfahlbauhaus sind in acht Jahren vier Kinder am Leben geblieben. So rasch kann sich bei der Neolithisierung in einer einzigen Generation die Bevölkerung vervielfachen.

Was die übrigen tropischen Sammlerinnen und Jäger betrifft: Es gibt sie noch, selten kontaktiert, in den Wäldern des

Oberen Amazonas hinter und neben den dortigen Bauern. Sie leben in enger Symbiose mit ihren bäuerlichen Nachbarn im afrikanischen Wald. Sie überdauern als Relikte steinzeitlicher Traditionen sowohl in den Trockensteppen Afrikas als auch Australiens. Und bis vor kurzem hielten sie sich trotz allen Drucks von außen als Experten der Naturnutzung hervorragend, wie etwa die Hadza„pi" in den Dornbuschsteppen des abflußlosen Gebietes von Nordost-Tansania. Es ging und geht ihnen wie den Mani: Solange der Wald steht, überdauert die Welt. Auch für die Hadza„pi" (die schriftliche Fixierung ihres Namens ist noch offen) gilt dies: laßt unsere Welt intakt, damit wir überleben. Mahiya, der Vertreter der Ältesten der Hadza„pi", der diese im Sommer 1997 bei der UNO mit höchstem Temperament und der notwendigen Beredsamkeit steinzeitlicher Politiker vertrat, hat die industrielle Welt eindrücklich darüber belehrt. Dieses etwa 2000 Köpfe zählende Volk lebt noch immer von der Sammeltätigkeit seiner Frauen und der Jagd seiner Männer, die damit ihr Nutzrecht und ihren Landbesitz nachhaltig wahren. Die weitreichende Unabhängigkeit der Hadza„pi"-Frauen gegenüber ihren Männern hat wohl in keiner Kultur dieser Erde eine Parallele. Aber auch die Freiheiten der Männer als extrem geschickte Bogenjäger sind enorm. Beide Geschlechter vergewissern sich dessen bei den großen „Epembe"-Tanzfesten mit getrennten und kritisch bewerteten Tänzen. Kinder, die sich von der Mutter gelöst haben, bilden eigene Identitätsgruppen, in denen sie gemeinsam, aber getrennt nach Mädchen und Buben die Rollen der Erwachsenen vortrainieren. Vordringlich ist dort die Erhaltung der Sammel- und Jagdgebiete, die durch Großwildjäger und Rinderzüchter „entwickelt" werden sollen und damit erstmals die Ökonomie der Hadza„pi" bedrohen. Und wie soll das Schulsystem eines solchen Volkes aussehen? Bisherige Versuche endeten katastrophal. Am dringendsten aber ist, und da stehen wir Europäer bei Mahiya, dem Hadza, im Wort: Den kleinen, so viel länger als wir in der Steinzeit lebenden Völkern den Rücken politisch frei zu halten zum Weg in ihre eigene moderne Zivilisation. Diese wäre wohl nur in Form eidgenössischer konföderaler Kantonsstrukturen zu realisieren, die sich selbst mit ihren Gemeinden als festes Fundament auch zukünftig gesicherter Autonomie verstehen. Es würden mehr als 100 derartiger Kantone dieser Völker werden. Dort könnten sie als Besitzer und Betreuer über mindestens 4 Millionen Quadratkilometer nachhaltig nutzbaren Gemeindelandes und die oft zugehörigen Küstengewässer samt dem Meeresgrund als Teil der zukünftigen kulturellen Vielfalt unserer Erde verfügen.

Abbildungsnachweis

Abb. 1, S. 35: Oldowan-Frauen; © Burkard Pfeifroth, Reutlingen.

Abb. 2, S. 45: Ausgeformter Faustkeil in gut kontrollierter, entwickelter Gestalt; aus: Kindlers Enzyklopädie Der Mensch, Band II, © Kindler und Kindler AG, Institut für enzyklopädische Literatur, Zürich 1982.

Abb. 3, S. 73: Die Löwengottheit aus dem Hohlestein-Stadel im Lonetal; aus: Fundberichte aus Baden-Württemberg 14, 343, © Landesdenkmalamt Baden-Württemberg 1989.

Weiterführende Literatur

Benda, L. (Hrsg.): *Das Quartär Deutschlands.* 408 S.; Borntraeger, Berlin-Stuttgart 1995.

Bloch, M.: *Apologie der Geschichte oder der Beruf des Historikers.* 211 S.; Klett-Cotta, Stuttgart 2. Aufl. 1980.

Conard, N. J. & Bolus, M.: *Radiocarbon dating the appearance of modern humans and timing of cultural innovations in Europe: new results and new challenges.* Journ. Human Evol. 44, S. 331–371, 2002.

Gabunia, L., Antón, S. C., Lordkipadnidze, Verkua, A., Justus, A. & Swisher III, C.C.: *Dmanisi and Dispersal.* Evol. Anthro. 10, S. 158–170, 2001.

Jazdzewski, K.: *Urgeschichte Mitteleuropas.* 528 S.; Ossolineum, Wroclaw 1984.

Kahlke, R. D.: *Die Entstehungs-, Entwicklungs- und Verbreitungsgeschichte des oberpleistozänen Mammuthus-Coelodonta-Faunenkomplexes in Eurasien (Großsäuger).* Abh. Senckenberg. Naturforsch. Ges. 546. 166 S.; Kramer, Frankfurt/M. 1994.

Leakey, M. D.: *Olduvay Gorge,* Vol. 3. 306 S.; Cambridge University, Cambridge 1971.

Leskov, A. M. & Müller-Beck, H.: *Arktische Waljäger vor 3 000 Jahren. Unbekannte Arktische Kunst.* 208 S.; v. Hase & Koehler, Mainz 2. Aufl. 1995.

Lüning, J.: (Einführung). *Siedlungen der Steinzeit. Haus, Festung und Kult.* 230 S.; Spektrum der Wissenschaft, Heidelberg 1989.

Lorblanchet, M.: *Les grottes ornées de la Préhistoire: Nouveaux Regards.* Ed. Errance, Paris 1995. (u. a. radiometrische Datierungen Chauvet).

Müller-Beck, H. (Hrsg.): *Urgeschichte in Baden-Württemberg.* 546 S.; Theiss, Stuttgart 1983.

Oxnard, Ch.: *African Eve? Asian Adam! The Implications of Modelling for Interpretation of Mitochondrial DNA Studies.* In: Jablonski, N. A.: The Changing Face of East Asia during the Tertiary and Quaternary. S. 476–497. (Kommentar MB: Gut begründete Methodenkritik zur Eva-Theorie) 1997.

Porr, M.: *Hadzapi, Hadza, Hatza, Hadzabe ... : Eine Wildbeuterkultur in Ostafrika.* 98 S.; Mo Vince, Tübingen 1997.

Price, T. D. & Feinmann, G. M.: *Images of the Past.* 529 S.; Mayfield, London-Toronto ³2001.

Roebroeks, W. & Kolfschoten, Th. v.: *The Earliest Occupation of Europe.* 332 S.; University of Leiden, Leiden 1995.

Schmitz, R. W. & Thissen, J.: *Neandertal. Die Geschichte geht weiter.* Spektrum Akad. Verlag, Heidelberg 2000.

Tattersall, I.: *The Human Odyssey. Four Million Years of Human Evolution.* 191 S.; Prentice Hall, New York 1993.

Weitere Informationen speziell zum Thema bieten die folgenden Museen und ihre Bibliotheken: Museum für die Archäologie des Eiszeitalters, 56567 Neuwied; Neanderthal-Museum, 40822 Mettmann; Pfahlbaumuseum, 88690 Unteruhldingen; Urgeschichtliches Museum, 89143 Blaubeuren.

Register und Glossar